教育部高校思想政治理论课教师研究专项（22JDSZK114）
2022年湖南省高校思想政治工作优秀团队建设项目，
受湖南省高校思想政治工作专项资金资助
湖南省高校思想政治工作精品项目（20JP014）

移动思政课之五彩课堂

（2017—2021）

蒋晓东　侯旭平◎主编

湘潭大学出版社
XIANGTAN UNIVERSITY PRESS

本书编写组

主　编：蒋晓东　侯旭平

副主编：齐素泓　刘丽萍　陆启越

周初开　邸宏霆

编写说明

党的十八大以来，以习近平同志为核心的党中央高度重视思政课建设，强调“思想政治理论课要坚持在改进中加强，提升思想政治教育亲和力和针对性，满足学生成长发展需求和期待”。2015 年，中央宣传部教育部印发的《普通高校思想政治理论课建设体系创新计划》明确指出，要整合资源强化实践教学，建设与课堂教学相互促进的思想政治理论课第二课堂教学体系，推动思想政治理论课实践教学与大学生社会实践活动有机结合。2019 年，中共中央办公厅、国务院办公厅印发的《关于深化新时代学校思想政治理论课改革创新的若干意见》明确指出，要坚持开门办思政课，推动思政课实践教学与学生社会实践活动、志愿服务活动结合，思政小课堂和社会大课堂结合，完善思政课实践教学机制。

长沙学院历来重视思政课实践教学，自 2007 年开始，学校先后出台了《中共长沙学院委员会 长沙学院关于进一步加强和改进思想政治理论课的实施意见》（长大党〔2007〕47 号）《关于贯彻<高等学校思想政治理论课建设标准>的实施意见》（长大党〔2015〕103 号）《中共长沙学院委员会关于深化新时代学校思想政治理论课改革创新的实施方案》（长大党〔2020〕34 号）等相关文件，每年提供不低于 20 万元的专项经费用于支持思政课实践教学。通过开设“思政课实践教学”课程，开展“我与马克思主义零距离”系列主题社会实践活动等多种方式打造移动思政课，提升思政课实践教学实效，引导学生在理论和实践的结合中真切体悟马克思主义的真理力量和时代价值，将外在的知识学习转化为内在的理论认同、价值认同。

根据学生专业特点、个人特长以及兴趣爱好等组建社会实践学习团队和研究性学习小组，推动思政课实践教学与专业实践、暑期社会实践等深度融合，指导学生创造性地开展社会实践活动、撰写社会实践研究报告，经过多年实践，形成了移动思政课五彩课堂，即红色课堂（红色文化保护传承主题实践），绿色课堂（生态文明建设主题实践），金色课堂（乡村振兴主题实践），蓝色课堂（网络文化发展主题实践），青色课堂（优秀传统文化主题实践）。移动思政课建设成果、思政课实践育人成效，得到了《中国教育报》、人民网、光明网、红网等主流媒体关注报道，产生了良好的社会影响。

本书对近5年（2017—2021）学生社会实践成果报告进行遴选、整理，以此记录学校师生走出校园、走进社会大课堂、实现共同进步的宝贵经历和成长足迹。

本书编写组

2022年11月

目　录

一、红色系列

红色文化是中国共产党领导中国人民在革命、建设和改革的伟大实践中创造、积累的先进文化。以“追寻湖湘红色历史印记”为主题，组织学生开展社会调查与研究性学习活动。学生在教师的指导下，以学习小组为单位，根据专业特点、学习兴趣确定调查研究选题。围绕湖南（长沙）红色文化资源保护与开发现状、湖南（长沙）以史铸魂的伟大历史成就和基本经验、湖南（长沙）百年党史人物英雄事迹与精神品质、大学生红色文化认同现状等问题，进行红色文化理论学习、红色文化现场参观、红色文化问卷调查、红色文化小组研讨等，在此基础上，撰写社会调查报告或研究性学习报告。通过“红色”移动思政课堂系列活动的开展，引导学生从湖南百年党史、湖湘红色文化中汲取前进的力量，坚定理想信念，增强“四个自信”，自觉把人生理想落实到脚踏实地的实际行动中来。

湖南省红色文化遗址（旧址）修复与保护研究

学院		土木工程学院	班级	2018 级工程造价 1 班	组长	曹阳
小组主要成员	序号	姓名	小组分工			
	1	曹阳	总协调			
	2	边祉竹	联络、走访			
	3	张湘怡	照片、资料收集			
	4	徐思婷	问卷设计、发放			
	5	李阳杰	行程安排、资料整理			

一、调查目的和意义

（一）调查目的

1. 帮助学生更好地将理论知识与社会实践有机结合，提升运用马克思主义的基本立场、观点与方法解决实际问题的能力。

2. 探寻湖南红色文化遗址（旧址），为修缮、保护、利用红色文化遗址（旧址）提供可行性的建议和对策。

（二）调查意义

1. 精神教育价值。习近平总书记指出，“要把红色资源利用好、把红色基因传承好、把红色传统发扬好”。红色建筑承载着我们党厚重的历史文化传统，体现了党和人民的奋斗历程。通过对红色建筑的参观及开发，不仅使广大人民群众能重温革命历史的过程，更是对广大人民群众进行爱国主义教育、革命传统教育的最佳“教科书”和教育场地。

2. 历史见证价值。以红色建筑为代表的红色文化遗产，是促进社会发展的重要软实力。保护红色建筑、在全社会进行革命传统教育，有利于增强整个社会的凝聚力，有利于塑造民众自尊、自强的社会心理，激发广大人民群众投身现代化新湖南建设的伟大征程中。

3. 经济发展价值。以保护、开发红色建筑为依托大力推进红色旅游事业，将红色文化与生态文化结合起来，既有利于传播红色文化，寓思想教育于文化娱乐和观光旅游之中，又有利于把革命文化资源转变为经济能量，从而推动地方经济高质量发展。

二、调查方法及具体实施步骤

（一）调研地点

团队调研走访了湖南省新化县等地的文物保护部门，以及杨立三故居、刘少奇故居、杨开慧故居、周小舟故居、周立波故居、新民学会旧址等二十余处红色文化遗址（旧址）。

（二）调研时间

2019 年 7 月 7 日—2019 年 7 月 13 日，通过对金井镇杨立三故居的实地调研，探寻红色遗址的修复与传承红色文化所存在的问题，寻找解决方案；利用 CAD（Computer Aided Design）、SolidWorks 等新型技术完成杨立三故居测量及 3D 模型构建，为其修缮工作提供了专业技术支持；利用新型航拍和遥感测量技术，记录乡村新貌、传承非遗文化。

2019 年 8 月 15 日—2019 年 9 月 28 日，张贴宣传海报，发放革命遗址（旧址）保护宣传单；并进行线上调研，了解社会不同阶层对于红色文化遗址（旧址）的保护和对红色文化的传承状况。

2019 年 10 月—2020 年 1 月，组建“红色文化及古建筑保护”宣讲团，在高校、社区等地进行红色精神主题宣讲；制作红色景区门票及宣传明信片，制作地方特色文创产品，宣传“红色”文化理念，助推乡村振兴。

2020 年 7 月 10 日—2020 年 8 月 10 日，以线上调研为主，线下小团队就近调查为辅，收集湖南省内红色遗址保护相关资料。

2020 年 9 月—2020 年 12 月，整理资料，进行文化宣讲，通过微视频、微新闻、微团课、微党课等，多渠道加强对红色文化、红色精神的宣传弘扬。

2021 年 1 月 1 日—2021 年 2 月 27 日，组建“广、精、小、近”团队，线上线下结合，深入各自家乡，聚焦红色遗址，推广 3D 打印等数字化技术、建立红色基因组图谱、研发使用病害预警与监测系统。

（三）调研对象

走访湖南省新化县等地的党史研究室、文物保护部门和文化旅游广电体育局；实地观察调研革命遗址（旧址）及其所在的乡镇；走访了湖南革命遗址（旧址）所在地的两百余户村民、约600人次；发放网络问卷652份，囊括各年龄阶层和各级受教育程度网友，以了解其对当地的革命遗址（旧址）保护与传承相关问题的认识程度。

（四）调研方法

此次调研，采用以访谈调研法、实地调研法和问卷调研法为主，文献研究法为辅的调研方法。

三、调查内容（调查过程中获得的材料及数据）

（一）访谈调研

通过线下走访有关文物保护部门和革命遗址（旧址）所在地的村民，团队了解到以下基本情况。

据当地文物管理等相关部门介绍，革命遗址（旧址）主要有国家级、省级、市级、县级等四级保护机制。桥梁类、祠堂类和名人故居类斥资较多，资金来源有上级拨款、县委县政府拨款和社会人士集资等渠道。

关于革命遗址（旧址）保护与传承的基本原则、基本做法，政府对每个具有保护价值的红色遗迹都采取了相应的保护机制，有相应的维护与看守人员，坚持保护为主，修缮开发为辅的原则，以更好地把红色文化遗址（旧址）文化传承下去。

同时，当地文物管理等相关部门也指出，革命遗址（旧址）的政策和资金配套方面都存在不同程度的困难。但是，最主要的还是难以与村民、居民的期待达成一致。如村民、居民们大都希望拆掉旧居盖新居，拆旧桥修新桥等。对此，团队走访了当地居民后进行了证实，居民对于经济发展和生活条件改善的迫切渴望与红色文化遗址（旧址）给当地带来的效益周期过长之间存在一定矛盾。

调查还发现，县级文物保护有关部门的资金虽然来源广，但是缺少具体的总结记录。革命遗址（旧址）与古建筑存在类似的情况。如有的区县古建筑数量近百项，古村落十余处，然而，由于自然灾害、资金不到位和人力资源短期等原因，导致一部分古迹、古村落被破坏，且无法修复，深刻影响着革命遗址（旧址）的保护传承。

（二）实地调研

湖南的革命遗址（旧址）不同于湖南古建筑“组群布局”的建筑特色。湖南是中国革命的策源地，是毛泽东思想的最早发祥地，也是人民军队最初的摇篮。新民学会旧址、秋收起义文家市会师旧址、贺龙故居、塘田战时讲学院、中共湖南省委旧址等都是湖南革命遗址（旧址）的重要组成部分。三湘大地众多的革命领导人故居、党史人物活动纪念地、烈士墓，让湖南的革命遗址（旧址）形成了以长株潭为中心分布全省各地的局面。

湖南革命遗址（旧址）与湖南古建筑的建筑材料类似，多采用木结构和土木结构，如毛泽东故居、杨开慧故居都是典型的土木结构。革命遗址（旧址）的价值意义与古建筑存在一定的差异。中国革命遗址（旧址）和古建筑的建造传承方式相似，在中华人民共和国成立之前，建筑方式的学习主要以工匠手把手教为主，受历史条件的影响，书籍记载少。目前学习古建筑建造的手艺人越来越少，能够传承这种技艺的也越来越少，古建筑也许会发展到从土坯房向红砖房转型的局面，那么即便能称之为古建筑，也失去了原来的历史风貌。但革命遗址（旧址）是为了弘扬革命先辈的光荣传统和精神风范，相较于普通的古建筑来说，革命遗址（旧址）的价值意义更重要的是宣传红色文化的价值导向性。

（三）问卷调研

以湖南省不同年龄、性别和知识层的网络用户为样本采集对象进行调查，收集到652份问卷，其中有效问卷633份，回收有效率为97.1%。通过问卷数据反映的客观问题，进行调研结果分析，部分数据和分析如下：

1. 受调查者的基本情况。本次的问卷对象主要为18—30周岁的青年，约占64.9%，30—42周岁的约占19.93%，同时还有少量的18周岁以下、42周岁以上的问卷对象，其中男性51.2%，女性48.8%。他们的受教育程度也不同，占比最高的为本科学生，其次为中专生、高中生，还有少量的研究生和受教育程度不高的对象。

2. 人们对革命遗址（旧址）的保护与传承了解和认识程度相对偏低。主要原因是革命遗址（旧址）保护的普法工作主要面向学生开展，而面向社会的开展力度过小。关于是否了解大多数革命遗址（旧址）的保护现状，其中55.29%的人表示了解或非常了解，44.71%的人表示仅一般了解或不了解。

3. 政府需加强开发保护力度，挖掘革命遗址（旧址）的时代意义。调查显示，80.57%受访者认为革命遗址（旧址）遭到损害的主要原因是当地政府缺乏保护，相关的法律不够完善。58.77%的受访者认为城乡规划与发展过程中拆迁革命遗址（旧址）有利于经济发展。48.66%受访者认为革命遗址（旧址）相对于现代建筑对经济发展的作用过小，难以被保存。由此可见，革命遗址（旧址）的开发保护需要投入大量的人力物力，并且为了革命遗址（旧址）能更好地发挥实际作用，需要不断挖掘其时代意义，让其在时代长河里熠熠生辉。

4. 探索革命遗址（旧址）保护与传承的新途径。对革命遗址（旧址）的开发、保护不能忽视、脱离人民，70.3%的受访者表示愿意主动了解革命遗址（旧址）的修复现状并进行宣传。

四、调查结论与建议

（一）调查结论

1. 湖湘革命遗址（旧址）背景现状简述

革命遗址（旧址）承载着中国共产党领导中国人民开展革命斗争过程中所形成的红色文化。红色文化不是简单的红色和文化相加，而是立体的。红色文化是中国人民在长期的革命、建设和改革实践中，不断融合、吸收优秀文化思想精华所形成的特定文化精神和文化形态。革命遗址（旧址）对现代人有深刻的意义和价值，它影响着居民的居住感受、城乡规划等。

红色文化的立体性决定了革命遗址（旧址）的立体性。革命遗址（旧址）不是简单的革命事件和建筑相加，而是以湖湘文化为底蕴、以革命精神为内核、以地方特色建筑为载体的红色文化场所。

学术界对革命遗址（旧址）进行专项保护研究时，对革命遗址（旧址）的定义认识不够清晰，会造成革命遗址（旧址）建设的泛化和失范。

2. 湖南革命遗址（旧址）保护和开发现状分析

（1）部分革命遗址（旧址）开发与保护不对等。湖南是党史资源大省，革命遗址（旧址）数量多、分布广。湖南各地自2010年起就依照《省委党史研究室关于做好全省革命遗址普查工作的报告》进行革命遗址（旧址）普查，有关部门统筹推进革命文物资源普查与研究、申报、认定等工作，进行了全省红色“家底”的摸清。但是，目前仍存在部分红色文化遗址（旧址）无法在保护力度和开发力度上达到平衡。开发红色文化遗址（旧址），目前最常见的方式就是提倡旅游开发，将红色文化遗址（旧址）开发成商业街，但是承包商往往是以实现经济的最大化为目标，对红色文化遗址（旧址）的保护关注很少。反之，单纯地关注红色文化遗址（旧址）的保护而忽视开发，容易造成革命遗址（旧址）“失活”，从而造成了红色文化遗址（旧址）保护与传承的不协调。不可否认，对革命遗址（旧址）保护与传承才能更有利于其存活，但是如何在不破坏红色文化遗址（旧址）的美感和革命精神传承的价值基础上对其进行开发，使其焕发活性，形成动态平衡，是值得思考的。

（2）革命遗址（旧址）保护传承过程被动，容易错失最佳保护时机。对于革命遗址（旧址）的开发保护由于资金耗费大，县级文物保护部门认为县级政府部门难以完成保护，需要申请国家级、省级保护项目。但是归根到底，革命遗址（旧址）的开发保护需要当地县政府和村委会来开展，如果不提前进行保护与传承，只是被动地等待保护项目立项，则容易使革命遗址（旧址）已经出现的小问题扩大化或当地村民大量流失后再去进行保护与传承，无疑加剧了开发保护难度。只有县政府、村委会积极主动地进行开发保护，才能更好地结合革命遗址（旧址）实际情况，探索积极、有效的保护途径。部分偏远不发达地区的乡镇居民的文化程度普遍不高，缺少系统的革命遗址（旧址）相关知识宣传，更难以进行科学的保护意识培养，这无疑增加了革命遗址（旧址）保护的难度，让政府更加被动。

3. 湖南革命遗址（旧址）保护和传承的影响因素

（1）自然因素影响无法避免。洪水、泥石流、地质灾害等自然灾害会引起地面受潮、沉降，而虫害的侵蚀往往会造成木结构建筑的腐朽。长久以来，革命遗址（旧址）存在的屋面长草、漏雨现象，墙面与砌体的开裂、风化与脱落现象严重。这无疑是给革命遗址（旧址）修缮工作增加了难度，更在无形中给革命遗址（旧址）后期的维护工作提出了更高的要求。

（2）居民保护与传承意识薄弱。问卷调研发现，仅有 56.4% 的人非常了解和了解当地政府出台的有关革命遗址（旧址）的保护政策，当地有关部门会面向学生普法的占 50.55%，全面定期普法仅占 6.32%，基本没有开展普法宣传的占达到了 24.01%。根据调查可知，当地居民本身对革命遗址（旧址）相关的知识储备偏低且政府有关部门对革命遗址（旧址）保护的宣传程度不高，相关的保护法律不够完善且普法力度不大，造成了当地居民对革命遗址（旧址）的保护与传承意识薄弱。

（3）政府具体操作执行难度大。调研小组走访革命遗址（旧址）相关保护部门发现，除了区县及以上政府设立了革命遗址（旧址）保护部门，乡镇并未设立相关保护所，这在一定程度上也影响了对革命遗址（旧址）的精准保护与传承。

（4）受到现代建筑的冲击。问卷调查显示，67.61% 的人认为现代建筑更符合时代发展的趋势，58.77% 的人认为由于城市发展，革命遗址（旧址）遭到破坏难以避免，48.66% 的人认为革命遗址（旧址）对经济发展没有帮助，迟早被现代建筑取代。由此可以看出，大多数人相较于革命遗址（旧址），更认同现代建筑对于城市建设的重要性，同时忽略了革命遗址（旧址）所蕴含的价值。调查显示，84.04% 的人认为革命遗址（旧址）保护意义在于它是中国革命文化的历史见证，不可复制。但是，仅有 42.02% 的人认同革命遗址（旧址）可以提升本地历史文化底蕴，42.65% 的人认为其具有文化教育价值，30.17% 的人认为其可通过旅游观光，带动周边经济发展。相较于 30.49% 的人认为革命遗址（旧址）修复应维持原样，63.67% 的人更认同其应该适当结合现代元素。由此可以看出，受现代教育、现实感受等因素影响，革命遗址（旧址）的认同感比现代建筑要低，大多数人无法正确认识革命遗址（旧址）所蕴含的意义。

（二）调查建议

1. 聚焦新兴技术，建立红色文化建筑图谱，多角度落实革命遗址（旧址）保护

（1）研发使用基础加固系统、预警与监测系统，以便提前介入助力革命遗址（旧址）不被破坏。研究发现，湖南地区的革命遗址（旧址）以木质结构居多，通过对地基基础加固、上部结构加固、喷射混凝土加固技术等方法，可有效预防木质结构受虫害、腐蚀等因素的影响。榫卯结构是木质结构节点中最为常用的一种方式，通过对榫卯结构材料创新和榫卯结构创新等方式，可提高榫卯结构对木质建筑的稳定性。同时，建立危害监测系统，实时监测建筑的受力、承载力情况，提高革命遗址（旧址）的安全性，为革命遗址（旧址）就地保护提供技术支持。

（2）推广3D打印等新兴数字化技术，增加革命遗址（旧址）修护途径多样性。许多革命遗址（旧址）受到洪水、地震、暴雨等自然因素的影响，一些尚未被保护的革命遗址（旧址）则存在游客密集、过度开发等情况，这些会对革命遗址（旧址）造成不可逆影响。通过利用红色文化GIS识别与数字表达技术、革命遗址（旧址）3D打印、数字遥感、可视化虚拟体验等相关技术，还原模拟革命遗址（旧址）原貌，建立革命遗址（旧址）修复数据库和档案，将革命遗址（旧址）数字化，既能直观呈现革命遗址（旧址）的布局分布、外观结构，更能将革命遗址（旧址）永久保存。再通过绘制红色文化建筑图谱，将各地革命遗址（旧址）于各类智能机器上立体化呈现。

（3）强化统筹协调，成立专门部门，在社会层面形成革命遗址（旧址）保护与红色文化传承大氛围。政府应当强化对革命遗址（旧址）保护与传承的统筹管理，细化部门工作划分内容。成立革命遗址（旧址）保护与传承委员会，协调好各部门有关革命遗址（旧址）保护与传承的工作，完善相关文物保护与传承法律法规，通过集中开展话剧、小品等活动做到“法入人心”，

并建立相关宣传门户网站联动相关宣传工作，吸引更多专业人员投身于革命遗址（旧址）保护与传承的工作。

2. 依托革命遗址（旧址），挖掘红色精神，新模式新平台助力乡村振兴

（1）创新“互联网+文旅+科技”模式，促进红色文化传承等相关产业发展。要深入挖掘革命遗址（旧址）的时代意义，让更多的人直观感受到革命遗址（旧址）区别于现代建筑的特色，吸引更多的游客前来参观、学习，最终实现红色文化传播的目的。比如让游客使用微信、QQ、微博等网络平台对革命遗址（旧址）进行宣传来代替传统的收取门票，通过 BIM 等 3D 绘图软件绘制革命遗址（旧址）动图增加曝光率，充分创造“互联网+”的新模式，让人们更加深刻地认识革命遗址（旧址）保护与传承的痛点问题，以减少人为因素对革命遗址（旧址）造成的破坏，以达到人们在保护中学习，在学习中宣传的目的。

（2）促进“高校—政府—企业”三方合作，助力革命遗址（旧址）振兴活化。调查发现，84.38%的人愿意参与到公益性的革命遗址（旧址）保护活动中，高校学生更是其中具备专业能力的中坚力量。校地共建革命遗址（旧址）实践基地，不断为革命遗址（旧址）的修缮、保护与开发提供理论依据和技术支持。进行校企紧密合作，利用高校专业优势与企业资质等资源，实现从修复成本到专业效果以及联动推广等优势聚焦，打造“高校—政府—企业”三方合作助力革命遗址（旧址）振兴活化的运营模式。由政府牵头将富有建设性的革命遗址（旧址）进行保护并制定相应政策，再由高校提供专业技术，企业负责实际运营，建成文化旅游新地标，只有将革命遗址（旧址）蕴含的红色精神和革命传统不断传承，才能让青年学子深入理解应用课本中所学知识，也更有利于革命遗址（旧址）的振兴活化。

（3）打造“红色产业”特色新平台，助力乡村产业振兴。如杨立三故居所在地长沙县金井镇，正在围绕“绿色”（绿茶）、“红色”（红色文化）、“特色”（非物质文化遗产）开展三色文化宣传和教育，引领广大青少年践行社会主义核心价值观，传承红色文化，弘扬爱国主义精神，为开创金井镇人民幸福美好生活而奋斗。近年来，金井镇已发展成为全国重点镇、国家级生态镇、

湖南省安全生产示范乡镇、湖南乡村最佳自然生态休闲旅游目的地、湖南茶叶“千亿产业十佳示范乡镇”，正全力建设成产业联系紧密、空间布局合理、资源体系整合、区域特色明显的长沙城乡一体化样板镇，打造更具实力、更有活力、更富魅力的茶乡小镇、文化名镇、旅游强镇。所以政府要将红色文化遗址（旧址）与其所在地特色相结合，将成果转变成乡镇特色产业，助力乡村产业振兴。

3. 弘扬红色文化，学习百年党史，以实践践行“大思政课”教育理念

（1）发挥红色文化遗址（旧址）联动机制，建牢红色湖湘精神地标，加强对革命背景内涵的挖掘、宣传。金井镇蕴含着丰富的红色文化底蕴，在册的烈士共有402名，是名副其实的烈士之乡。金井镇在全国最为有名的革命遗址（旧址）是杨立三故居，政府在宣传杨立三故居时，可以加强对吴文炳烈士墓地、刘英故居的宣传，将红色文化遗址（旧址）进行联动宣传。此外，毛泽东故居和刘少奇故居，仅隔20多公里，可谓“隔山相望”，两地单位可以将两处景点进行有机联动，助力有关的红色故事宣传，加深广大青年对红色文化的认识。

（2）身体力行守护革命遗址（旧址），切身感受百年辉煌党史，以坚定的理想信念助推中华民族的伟大复兴。习近平总书记特别指出，“文化自信，是更基础、更广泛、更深厚的自信”。中华文化的繁荣兴盛是中华民族伟大复兴的必然要求和核心内容。道路选择、理论创新、制度建设无不扎根于文化。革命文化是奋力实现民族复兴的持久动力，要实现中华民族伟大复兴这个目标，就要重视保护承载中国共产党百年历史的革命遗址（旧址），传承百年革命文化。湖湘革命精神是中国革命史中尤为重要的部分，湖湘红色文化遗址（旧址）承载着极其重要的历史记忆，是承接传统文化和时代精神的重要桥梁，挖掘其深刻的文化内涵，以微团课、微党课、微新闻、微宣讲等多种形式，引领广大青年深刻认识革命遗址（旧址）的重要作用，扩大革命遗址（旧址）的影响力。这也更有利于广大青年学子在学思践悟过程中将红色文化融入心中，为“大思政课”实践教育提供宝贵经验。2021年是中国共产党百年华诞、“两个一百年”的历史交汇点。青年大学生应该通过守护革命遗址

（旧址），切身感受到中国共产党百年辉煌党史，以切实可行的方式为革命遗址（旧址）的保护尽一份力，让红色基因根植于心，在回首中铭记，在缅怀中传承，在开拓中弘扬，树立起为实现中华民族伟大复兴的坚定理想信念。

五、本组成员在调查过程中的收获和体会

曹阳：团队调研走访了湖南省新化县等地的文物保护部门，以及杨立三故居、刘少奇故居等二十余处红色文化遗址（旧址）。在这次调研活动中，我不仅收获了丰富的红色文化知识，更增长了实践经验。我们应当肩负起当代青年的责任，努力学习科学文化知识，增强自己的本领，为国家富强、民族振兴、人民幸福贡献自己的力量！

边祉竹：这次调查活动使我在学习和生活方面受到了很大的激励与鞭策。我们要保护好现存的革命遗址（旧址），让这些革命精神不仅对我们这一代产生影响，更对后世产生影响，激励一代代中国人民为中华民族的伟大复兴而努力，为实现“中国梦”而奋斗。

张湘怡：通过这次调查研究，我感觉收获很大。其中让我印象最深刻的是进行实地调查。在这次的调查中，我们通过实地考察、查找文献资料以及小组讨论，掌握了查阅资料的方法，提高了与他人沟通和交流的水平，学会了社会调查的方法和技巧。

徐思婷：红色文化是中华民族精神的重要组成部分，是连接民族情感的纽带。作为新时代的大学生，我们有责任和义务保护和传承红色文化遗产。我想我们不仅仅是参观某个革命遗址（旧址），我们更要学习其承载的革命精神，并用实际行动为祖国的发展做出贡献。

李阳杰：在此次社会调查活动过程中，我深刻认识到团队合作的重要性，只有团结一心，群策群力，才能解决调查活动中遇到的困难。同时，我也深刻感受到如今幸福安宁生活的来之不易。作为新时代的大学生，我们应该加强红色文化的传承，铭记历史，缅怀先烈，坚定自己的理想信念，好好学习，好好工作，为国家和社会的发展贡献自己的力量。

指导老师意见

此次调研活动在专业课教师和思政课教师的共同指导下，通过实地走访等多种形式了解湖南红色文化遗址（旧址）保护现状，结合当地实际情况和专业特点，提出了切实可行的保护与开发建议。2021 年，本调研报告荣获第十七届“挑战杯”全国大学生课外学术科技作品竞赛红色专项活动一等奖。

刘丽萍　齐素泓

中共湘区委员会旧址开发与保护研究

<table>
<tr><td colspan="2">学院</td><td>经济与管理学院</td><td>班级</td><td>2017 级物流管理 1 班</td><td>组长</td><td>梁胜泉</td></tr>
<tr><td rowspan="6">小组主要成员</td><td>序号</td><td>姓名</td><td colspan="4">小组分工</td></tr>
<tr><td>1</td><td>梁胜泉</td><td colspan="4">找资料、写稿、排版</td></tr>
<tr><td>2</td><td>黄诗卉</td><td colspan="4">找资料、写稿</td></tr>
<tr><td>3</td><td>钟业勤</td><td colspan="4">找资料、整合材料</td></tr>
<tr><td>4</td><td>邓丹</td><td colspan="4">整合材料、写稿</td></tr>
<tr><td>5</td><td>杨思敏</td><td colspan="4">找资料、写稿</td></tr>
</table>

一、调查目的和意义

（一）调查目的

1. 深入了解、挖掘、开发、宣传中共湘区委员会旧址的历史文化。

2. 增强全社会对长沙红色资源的重视、利用和保护。

3. 通过对中共湘区委员会旧址的调查研究，为今后同类革命红色旧址的开发利用与保护提供更多依据和参考。

（二）调查意义

1. 有助于广大学生和社会各界了解和熟知中国共产党早期建党的历史，感悟建党初期湘籍无产阶级革命家筚路蓝缕、浴血奋战的历史和为民族谋复兴、为人民谋福祉的初心和使命。

2. 有利于促进“文化 + 旅游”的深度融合，推动中共湘区委员会旧址的保护、开发，实现经济效益和社会效益的完美融合，并帮助广大学生认识到“不忘初心、牢记使命”的重大现实意义，深刻理解“中国共产党为什么能够成功”的重大缘由。

二、调查方法及具体实施步骤

（一）调查方法

此次社会调查采用的方法主要是：调查法、文献法、经验总结法。

调查法：调查法是指为了达到设想的目的，制定某一计划，全面或比较全面地收集研究对象某一方面情况的各种材料，并做出综合分析，得到某一结论的研究方法。

文献法：文献法也称历史文献法，是指通过阅读、分析、整理有关文献材料，全面、正确地研究某一问题的方法。

经验总结法：对实践中的具体情况进行归纳与分析，使之系统化、科学化，最终上升为经验，以指导后阶段的研究工作。

（二）具体实施步骤：

1. 编写大纲。明确我们研究红色资源开发与保护的目的、意义、构思及方法。

2. 通过实地走访，搜索相关的故事和遗迹。我们到中共湘区委员会旧址进行参观，除了了解旧址往事和革命精神之外，还对旧址的结构及宣传力度、游客到访数及旧址的保护情况进行了了解。

3. 搜集并鉴别有关文献，通过学校图书馆、中国知网等查阅和收集大量与本研究相关的文献资料，为课题研究提供原始资料。对中共湘区委员会组织的粤汉铁路、安源路矿、长沙泥木、水口山铅锌矿等十几次工人大罢工斗争进行了详细地了解，并就事件内容和影响设置调查问卷，收集身边同学对保护旧址的看法和建议。根据调查结果和旧址现状构思宣传和保护方案。

4. 讨论宣传与保护方案的可实施性，并对方案进行试验，最终得出切实可行的方案。

5. 分析研究材料与方案，总结研究内容和结论，通过思考提出建议，小组成员记录自己的感想与收获，总结经验，最终形成社会调查报告。

三、调查内容（调查过程中获得的材料及数据）

（一）团队出行

在去中共湘区委员会旧址之前，我们查询了地图，从长沙学院到该地，有三种方式进入景区，分别是步行、乘公交、搭乘当地居民私家车。当天我们先乘坐公交进入市区调查，随后步行进入景区。不过，在这其中，我们发现两个问题，第一，景点有点偏僻，我们下车后辗转绕了好一会儿，走了好几个街道才找到景区的所在地。第二，景区交通管理不太规范，管理景区门口车辆出入的人员只有门卫一个人，我们进去时发现有私家车乱停放的现象，但门卫并没有出面阻止。

（二）景区特点

中共湘区委员会旧址暨毛泽东杨开慧故居位于湖南省长沙市八一路。我们来到这里正是春意盎然的时候，里面的景色非常美丽，花朵盛放，清香扑鼻，枝头的一片新绿簇着满满的生机。我们通过指示牌的指引很快便找到了景区的入口。据工作人员介绍，这是一座具有典型南方风格的二进三开间砖木结构小平房，共有大小房间 10 间，由堂屋、卧室、客房、厨房、杂屋等组成。前有围墙庭院，临清水塘，后有杂屋竹林，显得十分雅致。小院的门口有标志牌，上面有“中共湘区委员会旧址暨毛泽东杨开慧故居”的字样，还有对这里的一个大致介绍，有中英文两种文字。

（三）参观学习

在参观客房时，讲解员介绍这里曾是毛泽东和刘少奇第一次会晤的地方，此外，李立三、李维汉等许多到中共湖南支部、中共湘区委员会参加会议或汇报工作的同志也常在此处休息和借宿。参观会议室时，他介绍道，毛泽东同志经常在这里召开会议、听取汇报、开展研究工作，在此期间，毛泽东前后组织领导了粤汉铁路、安源路矿、长沙泥木、水口山铅锌矿等十几次工人大罢工斗争。参观毛泽东与杨开慧卧室时，讲解员为我们介绍，当时住在这里的杨开慧和毛泽东正值新婚宴尔，两人感情深厚，有着共同的理想和追求，在这里度过了非常幸福美满的一段日子，他们两人的儿子毛岸英和毛岸青相继在这里出生。还有一间是向振熙老夫人的卧室，她是杨开慧的母亲，在此期间，她尽力帮助杨开慧照料小孩，操持家务，大力支持毛泽东创建中共湘区委员会的工作。之后，我们又陆续参观了后院、厨房等地。

（四）调研采访

参观过后，我们对讲解员进行了一个简单的采访。

组员："请问您当讲解员多久了？"

讲解员："我在毛泽东杨开慧故居当讲解员已经有八九年了，我很喜欢这份工作，很喜欢给游客们讲解关于这个旧址的故事。"

组员："每年都有很多游客来这里学习参观吗？"

讲解员："对啊，每年有很多的人来这里，有学生、部队军人，还有一些企业的人士过来参观。"

组员："请问这里的日常清洁工作是怎么安排的呢？"

讲解员："这个其实看情况而定，如果像是这样的下雨天等你们走了我就会打扫，平常就要看地面脏不脏了。"

组员："我们之前也参观过其他的革命遗址（旧址），那些地方都有相应的展览，有与现代技术相结合的宣传，咱们这里似乎没有。"

讲解员："其实这些宣传方式我们也在慢慢准备，只是还需要一些时间。"

（五）保护措施

通过实地调查，我们了解到中共湘区委员会旧址的保护大致可分为两个方面：

一是强化资源本体保护、尊重历史规律，原汁原味的展示革命旧址风貌。中共湘区委员会旧址暨毛泽东杨开慧故居在1938年的长沙"文夕大火"中幸未被烧毁，成为长沙市唯一一处保存下来的革命历史建筑物。1951年对旧址进行修缮，之后按原有室内陈设恢复原状并对外开放。1957年湖南省人民委员会将其列为湖南省文物保护单位。1969年，当地政府对旧址进行了一些特色鲜明的景观建设，周围环境和室内陈设恢复了当年的原貌，如恢复修建了清水塘，新建毛泽东塑像广场等。2006年，国务院将中共湘区委员会旧址定为国家级重点文物保护单位。此外，我们还了解到，此处每隔一段时间会闭馆修缮。

二是推进红色文化建设，优化红色文物展出环境。为改善中共湘区委员会旧址的展陈和收藏环境，加强文物保护和利用，1969 年建立了“中国共产党湘区委员会旧址陈列馆”，占地 4.2 万平方米。馆内展出了中共湘区委员会的主要革命事迹及其领导下的工农革命运动的文物资料，同时生动地反映毛泽东在中国革命和建设中的历史地位、丰功伟绩和崇高的人格风范，给参观者带来了一场视觉和精神上的盛宴，充分体现了爱国主义教育基地、党性教育基地的作用。

（六）开发措施

通过与讲解员的交流，我们了解到中共湘区委员会旧址主要从两个方面进行宣传。

一是专门人员的专业讲解。中共湘区委员会旧址现有专职宣教员 5 人，兼职宣教 2 人，义务宣教员 40 人，社会教育工作的内容就是宣传革命传统精神，社会教育工作的形式以讲解为主，开展主题活动为辅。讲解工作是该单位工作中最重要、最基础的工作，特别是在清明、“七一”“八一”等节假日主动为广大群众和机关企事业单位等提供讲解服务。每次按照预约—确定对象—实施讲解—后期总结的程序进行讲解。通过讲解员字正腔圆、内容丰富、有趣味性地讲解来使广大的游客受到革命传统教育。

二是流动展览，扩大革命精神影响力。在学校开学和军训的时候，当地管理部门积极响应市局号召，在周围的各中小学开展流动纪念馆进校园活动，进行主题巡展，并准备了主题为“成长”的分享课，播放《红色经典人间真爱》《骄杨忠魂》宣传片，同时制作和发放宣传小册子《红色岁月》。小册子上不仅介绍了毛泽东、杨开慧的生平，而且还对旧址及其周围环境的现状做了简要地说明。小册子可以让孩子们带回家浏览，家长看到后不但可以受到红色熏陶，而且还可以在节假日带孩子来此处游览。

（七）调查问卷

关于对中共湘区委员会旧址暨毛泽东杨开慧故居保护与开发问题的调查问卷

1. 您的年级是（　　）［单选题］

A. 一年级　　B. 二年级　　C. 三年级　　D. 四年级

2. 您的性别是（　　）［单选题］

A. 女　　B. 男

3. 您听说过或者去过中共湘区委员会旧址暨毛泽东杨开慧故居红色文化景区吗（　　）［单选题］

A. 听说过也去过　　B. 听说过但没有去过

C. 没有听说过也没有去过

4. 您认为该地区交通便利吗（　　）［单选题］

A. 不了解　　B. 便利　　C. 一般　　D. 比较差

5. 您认为该地区的红色文化资源丰富吗（　　）［单选题］

A. 不了解　　B. 丰富　　C. 一般　　D. 比较少

6. 您认为该地区的红色文化资源保护工作做得怎么样（　　）［单选题］

A. 不了解　　B. 很好　　C. 一般　　D. 比较差

7. 您认为红色文化遗址（旧址）保护和开发有必要吗（　　）［单选题］

A. 很有必要　　B. 有必要　　C. 有一定必要　　D. 没有必要

8. 您认为交通和地理位置对红色文化的保护和开发有影响吗（　　）［单选题］

A. 有很大影响　　B. 有比较大影响　　C. 影响比较小　　D. 没有影响

9. 您认为每隔一段时间对红色文化遗址（旧址）进行修缮是否有必要（　　）［单选题］

A. 有必要　　B. 没有必要

10. 您认为保护红色文化资源的形式有哪些（　　）［多选题］

A. 注重资源本体的保护，保证遗址（旧址）原汁原味地呈现

B. 定期清扫　　C. 适当设置游客禁区

D. 对易潮湿和已损坏的物品进行特殊保护

11. 您认为红色文化的资源开发形式有哪些（　　）［多选题］

A. 请专门的人员讲解　　B. 流动展览

C. 互联网技术的应用　　D. 适当地进行图片和文献展示

（八）调查结果

为了了解在校大学生对中共湘区委员会旧址暨毛泽东杨开慧故居红色文化景点和其他红色文化资源的了解情况以及大学生对红色文化资源保护与开发的看法，更好地对红色文化开发与保护做出贡献，我们制作了一份调查问卷，收集了 100 名在校大学生的问卷情况。

从我们收集到的问卷结果来看，我们选取的清水塘中共湘区委员会旧址暨毛泽东杨开慧故居知名度并不高，只有 34% 的同学表示听过也去过这个红色景区。从交通情况来看，该地交通不算便利，只有 13% 的同学表示便利。该地的红色资源保护情况也有待加强，在去过该地的同学中，只有 18% 的同学表示该地红色文化资源保护工作做得很好。但在对红色文化保护的看法中，55% 的同学表示红色文化资源保护很有必要，说明大多数同学都有保护红色文化资源的意识。63% 的同学表示交通和地理位置对红色文化资源的保护和开发有很大影响。红色景区的修缮对红色文化资源的开发也有很大意义，92% 的同学表示对红色文化景区进行修缮很有必要。对红色文化资源的保护，主要形式有注重资源本体的保护，保证遗址（旧址）原汁原味地呈现；定期清扫；适当设置游客禁区；对易潮湿和已损坏的物品进行特殊保护。对红色文化资源的开发主要形式有，请专门的人员讲解、流动展览、互联网技术的应用、适当地进行图片和文献展示。

四、调查结论与建议

（一）调查结论

本调查主要针对中共湘区委员会旧址的开发和保护现状进行调查分析，调查结果显示该地已经被充分开发，但是在红色文化资源的保护和传承上，还是存在一定的问题。

一是宣传方式单一。红色文化宣传主要依靠讲解员的讲解，互动环节薄弱，体验设置少，难以给参观者留下深刻的印象。

二是旧址缺少相关文字资料支持。在参观过程中，除了极少量的文字介绍，就只有空荡荡的房间和小物件，缺乏相对齐全的文字材料支撑。

三是保护不够全面。我们去参观时刚好是雨天，进门时我们看到有游客将雨伞带进去，这无疑会使原本就潮湿的房间雪上加霜，可是并没有相关人员来劝说或阻止该行为。除此之外，当我们询问室内房间的日常清洁时间和清洁次数时，讲解员回答日常清洁没有固定的时间和次数。

（二）调查建议

通过实地调查、经验总结，同时结合相关文献等方法，对中共湘区委员会旧址的开发和保护提出以下建议：

首先，可以在街道的旁边设置一些比较醒目的指示牌等，来减少因地处偏僻造成的不便。同时，制定相关条例，规范当地的交通。门口执勤的保安也应该负起职责，严格把控来往车辆的运行和停放。

其次，可以将互联网技术应用到中共湘区委员会旧址的开发中去，利用媒体平台，例如在微信上建立一个关于中共湘区委员会旧址的公众号，发布旧址的一些历史背景和红色文化，游客在参观时可以扫描公众号的二维码获得相应的文字资料，这样不仅可以了解该旧址的相关情况，还可以进行后续的持续关注。此外，可以在旧址的周围多展示一些关于旧址的图片和文献资料，便于游客们进行仔细游览。

最后，还应采取措施加强对旧址的保护。在游客进门前相关人员应提醒不能携带杂物，或者可设立物品柜，让游客能够存放物品。房间里易受潮、易损坏的物品应加上玻璃罩进行隔离，避免因天气或意外触碰等原因受到损坏。同时，安排专门人员每隔一定时间打扫房屋，确保室内物件的整洁。

（三）总结及下一步设想

本次社会调查小组通过采取实地走访法和文献搜集法，不仅对旧址往事和革命精神有了较好的认知，还对旧址的结构以及宣传力度、旧址保护和开发情况进行了充分地了解，同时发放调查问卷，收集身边同学对保护旧址的看法和建议。我们注意到，当地景区在保护和开发方面虽有一定措施，但还存在着一定的问题。如何解决这些问题使得对旧址的开发和保护更能符合大众诉求和时代发展，这就要求不仅要提出合理的建议更要将建议和方法真正付诸实践当中，在不断地实践中寻找切实可行的办法，这是红色文化传播和传承的基础，也是延续革命精神、强化历史意义、建设文化强国的需要。

五、本组成员在社会调查过程中的收获和体会

梁胜泉：在这次调查报告的完成过程中，我不仅收获了丰富的红色文化知识，更提高了实践经验。讲解员讲述革命先烈们为自由而抗争的故事让我们每个人都为之动容。生在和平年代的我们应当肩负起应承担的责任，努力学习科学文化知识，增强自己的本领，为国家富强、民族振兴、人民幸福贡献自己的力量！

黄诗卉：通过这次对中共湘区委员会旧址的调研，我们了解到那个年代的动荡与那个时代人民敢于抗争的精神，这对我们的学习和生活给予了很大的激励与鞭策。那个年代的人们敢于反抗压迫，争取自由和权力，这些精神值得我们学习。另外，我们也要保护好现在仅存不多的红色文化资源，让这些历史事件和革命精神不仅对我们产生影响，更对后世产生影响，激励中国人民为中华民族的伟大复兴贡献力量。

钟业勤：通过这次社会调查，我感觉收获很大。其中让我印象最深刻的是进行实地调查。我们从讲解员口中了解了很多红色故事，在旧址里，我们感受了革命先烈的生活环境。在这次调查中，我更加感受到我们现在美好生活的来之不易，是中国革命先驱的努力，才为我们创造了和平美好的生活。总之，在这次的调查中，我们通过实地考察、查找文献资料以及小组讨论，得到了满满的收获。

邓丹：通过这一次思政课的社会实践调查，我受到了一次红色文化的洗礼。在我们参观中共湘区委员会旧址时，讲解员亲切地向我们讲述了发生在小屋里的故事，让我感受到了革命时期革命先烈忠于信仰、坚定信念的忠诚精神，不畏艰难、百折不挠的艰苦奋斗精神等。红色文化资源是中国特色社会主义文化资源的重要组成部分，作为当代大学生，我们有责任和义务保护和传承红色文化资源。

杨思敏：在此次调查过程中，我深刻感受到如今幸福安宁生活的来之不易。当年毛泽东、杨开慧等人在此生活居住，虽然房间简陋，但周围的环境

让人感觉很温馨。通过讲解员的一番介绍，我了解到这是中共湖南支部秘密办公的地方，也是在“文夕大火”中留下来的唯一革命产物。作为大学生，我们应该加强红色文化的传承，同时多走多看，铭记历史，缅怀先烈，全面提升，完善自己，为国家、社会贡献一分力量。

指导老师意见

本研究小组成员调研过程准备充分，通过在线查阅资料、实地走访、问卷调查等形式，开展了深入细致的调查研究，获得的一手材料丰富翔实，报告结构清晰，总结分析比较到位，心得体会情感真实、积极向上。

齐素泓

长沙市博物馆红色文化宣传现状调查研究

学院		经济管理学院	班级	2017 级物流管理 2 班	组长	何琳
小组主要成员	序号	姓名	小组分工			
	1	何琳	制定调查计划、负责调研活动总协调			
	2	张外丽	网上资料收集、文稿撰写			
	3	李烨	现场调研资料收集、整理			
	4	肖新梅	文稿修改			
	5	眭旺	文稿修改			

一、调查目的和意义

（一）调查目的

1. 深入了解和认识长沙市博物馆红色文化宣传的现实状况，既全方位呈现其在保护开发红色文化方面取得的成绩，也揭示其存在的问题和不足，从而“对症下药”，实现长沙市博物馆红色文化宣传的高质量发展。

2. 强化广大青年学生及社会各界对于长沙市红色文化的认知和熟知程度，增强长沙广大市民的城市文化自信，展现长沙“红色文化名片”。

（二）调查意义

1. 有助于传播长沙红色文化。通过研究，推动长沙市博物馆紧跟时代步伐，不断更新宣讲内容及形式，将红色文化传播出去，让长沙红色文化的时代意义更加深入人心。

2. 有助于增强学生的社会实践能力。将长沙独特的红色文化资源与学生素质拓展课外活动有机结合，能够进一步增强学生的社会实践能力。

二、调查方法及具体实施步骤

（一）调查方法：实地调研、随记采访等。

（二）具体实施步骤

1. 小组成员提前在微信公众号“长沙市博物馆”上用身份证号码进行门票预约；

2. 抵达馆内参观“中流击水——长沙近代历史文化陈列”展览及红色英烈事迹，进行随机采访，并拍照记录；

3. 资料整理，小组进行讨论交流，查漏补缺，征求老师意见，完成调查报告的撰写。

三、调查内容（调查过程中获得的材料及数据）

（一）长沙市博物馆关于红色文化的展示内容

长沙市博物馆关于红色文化的展示主要集中在“中流击水——长沙近代历史文化陈列”篇章，我们主要参观了“建党先声”“秋收起义”“团结御侮”“和平解放”等部分的展览。

1. 建党先声

1915 年 9 月，陈独秀在上海创办《青年杂志》，开启了新文化运动的序幕。继北京之后，湖南是响应新文化运动最为热烈的地区之一，新文化运动对湖南城市的影响集中体现在省会长沙。

1920 年冬，毛泽东、何叔衡等早期马克思主义者，在长沙组建了共产党早期组织。1921 年 7 月，毛泽东、何叔衡出席中国共产党第一次全国代表大会之后回到长沙，积极开展建党建团活动，同年 10 月 10 日建立了中共湖南支部。以毛泽东为代表的湖南早期共产党人在党的创建史上写下了光彩夺目的动人篇章，为中国共产党组织的创建做出了杰出的贡献。

在毛泽东等人的领导下，中共湘区委员会组织开展了湘区工人运动、农民运动和学生运动，使湖南成为当时全国革命运动发展最迅速的省区之一。1924 年 1 月，国共开始第一次合作，随着北伐战争的胜利进军，全国农民运动的中心转向湖南。广大农民迅速组织起来后，进行着政治、经济、文化和思想领域的斗争，创造了长沙乃至中国革命史上从未有过的伟业。轰轰烈烈的农民运动，动摇了帝国主义、封建势力在中国的统治基础，在中国革命史上写下了浓重的一笔。

2. 秋收起义

1927 年 9 月 9 日，毛泽东领导和发动了湘赣边界秋收起义。秋收起义第一次打出了由中国共产党的旗帜，第一次打出了由中国共产党领导的军队旗帜。秋收起义反映了中国共产党人坚定的革命信念和崇高追求，反映了中国共产党人对中国革命主要形式是武装斗争的崭新认识。秋收起义是中国共产党领导农民翻身求解放、探求革命新道路的伟大实践，是中国共产党勇于改正错误的重大举措。

在参观途中随机采访了一名游客，采访记录如下：

组员："您好，我们是长沙学院的学生，来这里做一个'关于对长沙市博物馆（简称"市博物馆"）红色文化研究'的调研，想问您几个问题。"

采访对象："好，你们问。"

组员："您为什么选择来这里参观呢？"

采访对象："我本人就对历史文化感兴趣，特别是我们国家的历史。"

组员："您对这里感受最深的一点是什么？"

采访对象："有几个雕塑特别好看，主题特别鲜明。"

组员："那您觉得市博物馆怎么样？"

采访对象："很有特色啊，都是长沙的本土文化，我挺喜欢的。"

组员："您有没有喜欢看的红色影视剧呢？"

采访对象："《保卫长沙》。"

组员："这么说来您对长沙有着深厚的感情。"

采访对象："对啊，我就是长沙本地人，我们祖祖辈辈都生活在这片土地上，我热爱这片土地。"

3. 团结御侮

1931 年 9 月 18 日，日本帝国主义发动了蓄谋已久的侵华战争。在民族存亡的紧要关头，长沙人民团结在中国共产党抗日民族统一战线的旗帜下，众志成城，同仇敌忾，积极抗战，为中国的抗战事业做出了卓越贡献。

4. 和平解放

和平解放专题列展是有关于湖南起义和有关于和平解放的一些红色文物，我们看到了1945年的中国共产党召开的七大有关文件，虽然因为年代久远显得有些古旧，但是我们感受得到当时中共中央希望通过和平的途径来实现中国的进步和发展。

参观接近尾声，我们随机采访了一名游客，采访内容如下：

组员："您好，奶奶，我们是长沙学院的学生，来这里做一个'关于对长沙市博物馆红色文化研究'的调研，想问您几个问题。"

采访对象："你们问吧。"

组员："请问是什么吸引您来市博物馆参观的呢?"

采访对象："我的父亲曾参与解放战争，我们一家人都受到他的思想熏陶，我一直以来都很崇拜我父亲，所以我想来市博物馆感受一下他们当年的环境。"

组员："这边有什么比较吸引您的地方呢?"

采访对象："最吸引我的是一些伟人留下来的红色遗物。"

组员："为什么这些红色遗物最吸引您呢?"

采访对象："这些东西最贴切地反应了当时的情况，包括那些家书、信件，都很真实。"

（二）长沙市博物馆关于红色文化的宣传措施

1. 长沙市博物馆官方网站中的红色文化宣传

在浏览器搜索框中输入"长沙市博物馆"或输入网址即可进入长沙市博物馆官方网站，网站首页设计较为简洁，在首页下方的展览板块中点击"展览—基本陈列—中流击水——长沙近代历史文化陈列"即可进入红色文化展示板块。该板块又分为首页、展览介绍、展品欣赏、展厅内景和网上展厅五个部分。首页中是一张中流击水的图片，象征着长沙人民奋斗前行、艰苦奋斗的红色精神；展览介绍部分分别从不同的英雄事迹介绍了长沙人民的红色精神；展品欣赏部分为各时期保留下来的关于红色文化的历史藏品，但数量较少；展厅内景部分为展厅内部的静态图；网上展厅部分为 VR（虚拟现实技术）实景导航，也为游客提供沉浸式地参观游览体验。

2. 长沙市博物馆的微信公众号红色文化宣传

进入微信公众号“长沙博物馆”，可以看到“看展览”“赏文物”“长博指南”三个功能板块，以及它发布的关于展览、讲座等内容的推送文章，这将博物馆的特色展览及特色活动更好地展现了出来。点击“长博指南”选择“参观预约”填写基本信息即可免费预约门票，开放时间为每周二至周日 9：00—17：00（最晚 16：30 入园），每周一（国家法定节假日除外）及农历除夕、正月初一、正月初二闭馆。点击“看展览”进入“精彩特展”中的“网上展厅”可以免费观看 3D 展览。进入点击公众号首页左下角的“看展览”选项中的“基本陈列”，可进入“中流击水——长沙近代历史文化陈列”板块的页面，由此可以了解不同时期长沙红色文化的相关内容，并且感受波澜壮阔的长沙百年。通过微信公众号进行宣传，用户可以便捷地阅读信息，也为游客的参观提供了路线。

3. 长沙市博物馆的红色文化宣传手册

宣传手册的封面上有长沙市博物馆的微信公众号二维码与官方网站二维码，方便游客扫码进行观看，有较好的宣传作用，同时还有电话和地址信息方便游客咨询和前来游玩。宣传手册中的内容分为七大板块，概述了长沙人民艰苦奋斗的历程，为红色文化的宣传起到了很好的作用。宣传手册方便携带，方便工作人员分发，是快速宣传红色文化的重要方式。

（三）长沙市博物馆红色文化的展示与宣传作用

1. 革命文物是红色文化的重要载体和信息宝藏，是保护、传承、弘扬红色文化的主要媒介和载体。从遗留的文物中我们可以发现历史痕迹，通过进行革命文物鉴赏可以发觉历史规律，了解历史知识，进而了解中华民族的发展历程。通过进行文物鉴赏来重温历史，了解红色文化和中华民族的繁荣发展历史，进一步陶冶情操，让人民群众得到智慧上的启迪以及精神上的振奋，进而促进社会主义精神文明建设。

2. 长沙市博物馆对文物做了良好的保护，这些红色文物为科研发展提供了重要的参考资料。文物记载了民族的发展历程，是进行历史科学研究的重要史料。丰富的革命文物，为科研发展提供了重要的参考资料。

3. 文物具有传承历史精神文明的重要使命，是见证历史最好的符号，是不可再生的文化资源。革命文物除了具有历史教育意义之外还具有重要的爱国主义教育意义，是文化教育和爱国主义教育的重要载体。每一件文物都从不同的角度展现了革命时期中华民族的伟大情操，具有特殊的意义和内涵，凝聚了中华民族的优良品德和不屈不挠的精神，具有强烈的吸引力和感染力。

四、调查结论与建议

长沙市博物馆红色底蕴深厚，原址位于清水塘22号，1986年在中共湘区委员会旧址纪念馆的基础上成立。其中毛泽东、杨开慧同志故居是中共早期湖南党组织所在地和中共湘区委员会的活动基地，是湖南省重点文物保护单位。通过这次社会调查，让我们深刻地感受到红色文化激励了一代又一代中华儿女为理想和信仰拼搏奋斗。中国革命波澜壮阔的历史进程，革命者感天动地的丰功伟绩，革命旧址、遗物展现的震撼心魄的场景，永远是感动和教育后人的最佳题材，它们揭示了一个时代、一个民族对幸福的向往和为理想而献身的气概，其鲜明的爱国主义、集体主义、舍生忘死的英雄主义精神在人们的脑海里烙下了深深的印记。不同时期、不同年龄的人在品味红色文化的时候会有不同的收获和感悟，这就是红色文化超越时空的生命力所在，也是激励后来者追求理想和信仰的动力与源泉。

本次调查研究当中对长沙市博物馆的总结：

（一）优点

1. 长沙市博物馆建立了官方微信公众号和官方网站等线上平台，线上线下相结合，使游客更全面地了解长沙市博物馆。本次社会调查资料的收集结合了线上和线下两种方式，通过实地调研采访进行线下收集，通过官方微信公众号、官方网站及其他网络渠道进行线上收集。

2. 长沙市博物馆建立了严格的保护制度，对安检、消防和文物的防护都有严格要求，如馆内设有安检机及安检人员，消防器材定期检查，对文物设置防护罩，这对红色文物的保护起了重要作用。

3. 长沙市博物馆地理位置优越，与长沙市图书馆、音乐厅等位于长沙滨江文化园东侧，是集文物收藏、保护研究、展示宣传、教育服务等功能于一体的综合性地志博物馆。

4. 长沙市博物馆周围的基础设施比较完善，交通便利，可乘坐公交车、地铁等公共交通方式到达，同时馆内建有停车场，停车方便。

5. 馆内规划较合理，关注游客核心需求，馆内分为长沙古代历史文化陈展、长沙近代历史文化陈展和特展，同时馆内引导标识明显，一眼可见。

6. 红色文化底蕴深厚，工作人员服务态度真诚，游客体验感好，有利于红色文化的进一步传播。

（二）有待改进的方面

1. 长沙市博物馆新馆内展示的红色文物较少，不能让参观者更深刻地领会红色文化精神。

2. 长沙市博物馆的官方微信公众号及官方网站的建设内容还不够完善，对博物馆红色文化的介绍不够详细。

3. 馆内的宣传手册摆放位置不明显，导致参观者很少注意到宣传手册。且宣传手册关于红色文化方面的介绍不够全面。

（三）建议

1. 长沙市博物馆可以展示更多的红色文物，加强相关红色文物的研究，对红色文物做出更详细地介绍。

2. 长沙市博物馆可以加强官方微信公众号和官方网站的建设，完善展示内容，增加红色文化的宣传内容。

3. 长沙市博物馆可将宣传手册展台摆放在显眼位置，如博物馆入口处，也可将展台设计得更有特色，吸引参观者的注意，加强宣传效果。

五、本组成员在社会调查过程中的收获和体会

何琳：在这次社会调查中，我们组的成员在各方面都很积极，从选题的

不断修改，到题目确定后的实地考察，再到后期调查报告的撰写，小组成员都积极参与，互相帮助。让我印象特别深刻的是小组中有两个文科同学对博物馆中的展品非常感兴趣，参观时每一处都不放过，理科同学们在刚开始参观展厅时不太感兴趣，但在两位文科同学的带领下，对展览的作品慢慢有了了解，回学校后还观看了相关时期的电影作品，回顾历史。本次调查让我们了解了长沙市博物馆在红色文化展示与宣传方面的巨大贡献，意义重大。

张外丽：一首坚韧不屈的诗作和一段前赴后继的红色故事，彰显了老一辈无产阶级革命家和革命先烈的忠心赤胆，他们爱党爱国的心路历程让我深切地体会到红色文化的精神，使我坚定社会主义道路和永远跟党走的信念。我要磨炼意志品格，增长本领才干，在社会实践中经风雨、受历练，成为祖国的有用之才。

肖新梅：这次实践活动，从开始选题到后来确定选题和调查地点，我们组进行了充分地讨论，当我们确定关于红色文化保护与宣传的主题时，我的内心十分高兴。通过参观博物馆、听讲解员生动地讲解，让我们切身地体会了革命精神，更近距离地了解革命事迹。通过了解长沙市博物馆对于红色文化的保护，让我们更深刻地体会到现在幸福生活的来之不易，我们应该好好学习，传承红色精神，继承和发扬革命传统，尽自己所能保护红色文化。

李烨：那天，我们一起参观了长沙市博物馆，历时 2 小时。其间，与我们擦肩而过的有不少外籍游客，他们也被英勇奋斗的革命精神所震憾。作为新时代的大学生，我深深地为伟大先辈创造的光辉成就而自豪。

眭旺：通过这次调研学习，让我对红色文化有了一定的认知和了解，进一步感受到民族团结的重要性，激发了我的爱国爱党热情，同时对我们党在长期革命斗争中形成自己独特的光荣传统有了新的认识和感受，让我接受了一次心灵的洗礼。我们要弘扬革命先辈不畏艰难险阻、勇于献身的精神，继承党的优良传统和作风，始终保持共产党员的先进性，努力学习，勤奋工作，不断提高政治素质和业务能力。

指导老师意见

本研究小组围绕主题进行了细致认真地实地调查走访，报告层次分明，逻辑结构清晰。结论与建议部分总结到位，针对性强。建议后续继续完善对策，切实为长沙市红色文化的开发与保护献计献策，为相关部门决策提供可行性参考。

齐素泓　周初开

长沙抗战老兵生活现状调查研究

<table>
<tr><td colspan="2">学院</td><td>经济管理学院</td><td>班级</td><td>2016 级财务管理 1 班</td><td>组长</td><td>范亚楠</td></tr>
<tr><td rowspan="6">小组主要成员</td><td>序号</td><td>姓名</td><td colspan="4">小组分工</td></tr>
<tr><td>1</td><td>范亚楠</td><td colspan="4">组织成员完成各项分工</td></tr>
<tr><td>2</td><td>刘一慧</td><td colspan="4">采访抗战老兵</td></tr>
<tr><td>3</td><td>刘子轩</td><td colspan="4">记录相关事宜</td></tr>
<tr><td>4</td><td>张全</td><td colspan="4">了解老兵居住环境</td></tr>
<tr><td>5</td><td>唐婧瑄</td><td colspan="4">整理资料</td></tr>
</table>

一、调查目的和意义

（一）调查目的

了解长沙抗战老兵的生活现状，为老人们送去物质与精神的关怀，同时也唤起生活在和平年代的年轻人能够更多去关注、关心和关护这些为民族解放、人民幸福英勇斗争的共和国卫士们。

（二）调查意义

1. 有助于引导当代大学生学习抗战老兵的高贵品格。借看望抗战老兵之机，向他们致以崇高的敬意，学习他们高尚的爱国主义情操以及不畏强敌、英勇杀敌的大无畏牺牲精神。

2. 有助于增强当代大学生“守初心、担使命”的历史使命。通过实地调研，倾听抗战老兵讲述抗战故事，记录和整理真实抗战史料，以铁的证据回击种种歪曲和美化侵华历史的丑行，进而加强大学生们的理想信念教育，增强实现民族伟大复兴的责任担当。

二、调查方法及具体实施步骤

（一）调查方法：实地考察、访谈等。

（二）具体实施步骤：

1. 全体成员上午 9 点出发去往目的地。

2. 上午 10 点到达长沙抗战老兵照护中心，先参观照护中心，了解老兵居住环境，询问相关管理人员老兵的总体情况，最后拜访两位抗战老兵，了解他们的生活情况及经历。

3. 下午 13 点活动结束后，回到学校，成员互相交换相关照片，组长口头总结此次活动，成员们阐述自己的感想，并整理出调研报告。

三、调查内容（调查过程中获得的材料及数据）

长沙抗战老兵照护中心坐落在一个绿意盎然、山清水秀的村庄里，出了三环，拐进一条山间羊肠小道，就看到了美丽的安华山庄老年公寓。公寓配套设施独具一格，周边有鱼塘 30 亩（1 亩≈666.67 平方米），菜园 20 亩，山上有自然森林近 2000 亩，还有竹园、门球场、排球场等。公寓设有豪华单人间、双人间，还有豪华一室一厅，房间宽敞，室内配有彩电、计算机网络、电话、床前服务呼叫系统、独立卫生间，公寓内设有大型餐厅、包厢、歌厅、乒乓球场、桌球场、棋牌室、图书室、医务室等。这里环境优美、青山绿水、空气清新，山庄前面是独具特色的田园风光，后面是绿树成荫、连绵不断的青山。走进山庄大门，首先看到的是设备齐全、干净整洁的安华康复医院。据了解，此医院是专门为公寓里的老人们建立的，费用比外面的私立医院便宜许多。再往上走，便是一栋栋温馨舒适的公寓楼，这便是老人们日常起居的地方。与相关管理人员沟通后，我们被带到了抗战老兵们居住的房间门口。在经过允许后，我们走进了他们的房间内部进行参观拍照。房间里面干净整洁，且电器设备齐全，热水器、空调、电视机等都具备，厕所里还有防滑措施，看得出公寓对老人们用心尽力，老人们在提起公寓生活时，也都感到十分满意。

截至 2018 年，长沙抗战老兵养护中心总共入住了 6 位抗战老兵，由于时间限制与老人身体的缘故，我们只能对其中两位老人进行具体地采访。

我们第一个采访的是李桂芝奶奶，1913 年出生的她腿脚灵活，身体依然健朗，说话声音洪亮，对于我们的到来，她很兴奋，一边握着我们的手一边慈祥地和我们说话。在交谈过程中我们了解到，她是100岁时来到照护中心，在这里居住已经5年了。李奶奶老家在浏阳，抗日战争爆发后投入到了抗日事业中，她虽然没有上前线战场浴血奋战，但是她救死扶伤，照顾伤员，为抗日事业做出了自己最大的贡献。抗战过去70多年了，李奶奶现在已经子孙满堂，儿女已经70多岁了，孙子孙女已经40多岁了，曾孙的年纪也差不多跟我们一样大。她的亲人每个礼拜都会定期来看望她，给她带家里的饭菜和一些生活用品。李奶奶在照护中心居住的5年里，生活起居都有专人照料，在天气好的时候，她就去院子里走一走、晒晒太阳，外面刮风下雨的时候，她就在房间里看看电视，和旁边的老爷爷、老奶奶聊聊天、下下棋，生活十分快乐。

我们第二个采访的对象是抗战老兵林重达老先生，出生于1928年，曾住长沙县高桥镇白石源村刘家湾组。在国家危急存亡之际，参加国民党青年远征军205师，职务为中卫参谋。1949年1月22日，随傅作义在北平和平起义，后编入中国人民解放军36军任中卫参谋。在我们与老先生的交谈中了解到，他于去年也就是2017年入住抗战老兵之家，他说："我们老兵们日渐凋零，抗战胜利60周年、65周年、70周年不断有老兵走入大众视野，讲述那些已经被遗忘了半个多世纪的故事。然而，因战争而改变的人生已然无法复盘。2015年全国纪念抗日战争胜利70周年时，中共中央、国务院、中央军委给我颁发了抗日战争胜利纪念勋章，我倍感荣耀，兴奋得睡不着觉。另外，近几年来湖南老兵之家、湖南民革及众多关爱老兵的志愿者和企事业单位给予我们老兵很多关怀和照顾，是党的关怀让我生活到了今天，所以我要感谢。"在我们要给老先生拍照时，他还特地戴上了他的荣誉奖章。

四、调查结论与建议

（一）我们在与老兵交谈的过程中发现，入住抗战老兵照护中心需要通过多次信访与手续办理，且办理入住手续十分麻烦，对高龄的抗战老兵来说十分不便，希望机构和有关部门在入住手续与程序方面尽量简化，提高效率。

（二）我们在采访中发现，与安华山庄配套的安华康复医院只能为拥有长沙市医保的市民进行费用报销，而部分老兵只能回到医保所在地的医院就医，这对年老多病的老兵们来说十分不便，就近看病就医成了一个很大的问题，希望有关部门能够及时采取措施，是否能对老兵们采取特殊的医保政策。

（三）我们了解到，照护中心每人只发了一床棉被，对于冬天怕冷的老人来说只能自带或者再买一床棉被取暖，希望有关部门能够加强这一方面的保障。

（四）湖南是目前全国拥有健在抗战老兵人数最多的省份之一，健在的抗战老兵人数有一千多名，分别居住在全省 14 个地州市数十个抗战老兵照护中心。但是长沙目前只有安华山庄一个照护中心，且仅入住过 12 位老兵，希望社会各界组织和政府加强养护机构的建设，以便能照顾到更多的老兵。

五、本组成员在社会调查过程中的收获和体会

张全：走进安华山庄的大门，我看到老人们慈祥温暖的笑脸，内心涌动出了万千情绪，是欣慰，是敬佩，是感动。欣慰老人们有如此优美、舒适的生活环境，敬佩经历过战争的老人们依旧对生活充满激情，感动于他们曾为祖国奉献的那些青葱年华。在与李桂芝奶奶交谈的过程中，她像家中的奶奶一样，拉着我们的手轻轻地拍，笑得慈祥、温柔。年岁已高的她并没有和我们讲太多有关战争年代的事，更多的是谈谈家常，我可以想象得到她曾经是怎样温柔地照顾参战士兵的。林重达爷爷虽然耳背，讲话也有浓重的口音，但看过他拿出的资料和听他断断续续的叙述，更让我坚定了关爱抗战老兵、传承抗战精神的决心。

刘子轩：对个人而言，参观抗战老兵养护中心是一次很有意义的经历。“纸上得来终觉浅，绝知此事要躬行。”不管以前在网上还是书上了解到的抗战历史有多少，都不及这样一次和老兵们当面交流来得深刻，历史在他们身上留下的痕迹远比书面上的文字更加直接地震撼我们的内心。在了解了他们的居住环境和经过简单的交流后，很欣慰这样一群经历过抗战的老人们可以在他们的后半生得到平静安稳的生活。抗战胜利了，留下的精神意义永垂不

朽！

刘一慧：抗战老兵、抗美援朝老兵仿佛离我们的生活已经很远，有幸活到现在的，最少也八九十岁了，随着时光的流逝，总有一天他们会悄然远去，但他们拼搏的精神永远不会消失。通过这次寻访活动，我们对抗战老兵这个特殊群体有了更为清晰地了解，这是一个值得我们尊敬和关爱的群体。针对当代的年轻人历史认知似乎越来越薄弱的问题，我认为，我们应该走近老兵，关爱老兵，聆听历史，关注史实，将中华儿女不屈不挠的拼搏精神传承下去，这是今天的年轻人应该承担的历史使命。

唐婧瑄：经历了这次抗战老兵照护中心的走访，我感到很欣慰，他们曾为民族解放在战场上抛头颅洒热血，如今他们老后政府也给予了很多物质上的关怀，让他们能够安然地度过晚年。但是，通过这次走访，我也认识到物质上的关怀是远远不够的，对老兵们精神上的牵挂也要引起重视。在漫长的岁月里，他们经历了种种坎坷、磨难，这对他们每一个人而言，都是百味杂陈，甘苦自知。今天哪怕最年轻的抗战老兵，都已是耄耋老人，记住他们，不仅是肯定他们的抗战历史功绩，更应给予其应有的待遇和照顾。

范亚楠：一开始确定这个主题的时候，自己内心就有很多的感触。我们一直在强调保护红色文化，铭记历史，但是大众的眼光似乎都放在了景点与标志性人物上。近年来关于抗战老兵的晚年生活的报道越发引人深省，而通过此次慰问长沙抗战老兵，我更加明白了关爱抗战老兵就是尊重英雄、尊重历史，表达我们对抗战老兵的无限崇敬和敬仰之情。抗战老兵作为我们民族的精神标杆，是我们民族的宝贵精神财富和遗产，是我们的骄傲和自豪。面对那些逐渐老去的老兵，我们在对民族精神标杆人物表示诚挚祝福的同时，更希望我们对老兵的关怀和祝福，能够真切地让他们感受到来自民族的温暖和真情，红色文化是永久存在的，但我们对老兵的每一次探望，都有可能是最后一次。关爱老兵，要脚踏实地多做事，不吝躬行少空谈，让老兵们在人生的晚年，感受到我们的关爱，让他们知道自己并没有被遗忘。

指导老师意见

本调研小组克服困难，选择抗战老兵这一特殊群体作为调研对象，深入养护机构，关注老兵们的生活现状和情感世界，与抗战老兵面对面交流、互动，倾听老兵们的心声，这对于高校大学生而言，确实是终身受益的经历。正如同学们所言，我们强调保护红色文化、铭记历史，但是关注点往往更多放在了著名红色文化景点与标志性人物上，希望同学们一如既往地关注那些在中国革命与建设历程中默默坚守、无私奉献的革命先辈们，这是年轻一代发自内心的崇高敬意表达，更是对厚重红色文化的深刻记忆与坚定传承。

齐素泓

新时代大学生红色文化著作阅读情况调查研究

<table>
<tr><td colspan="2">学院</td><td>法学院</td><td>班级</td><td>2018 级法学 3 班</td><td>组长</td><td>曹恩妮</td></tr>
<tr><td rowspan="6">小组主要成员</td><td>序号</td><td>姓名</td><td colspan="4">小组分工</td></tr>
<tr><td>1</td><td>曹恩妮</td><td colspan="4">查找资料、设计问卷、统计数据、完成调查报告</td></tr>
<tr><td>2</td><td>欧阳婉婷</td><td colspan="4">查找资料、采访、完成调查报告</td></tr>
<tr><td>3</td><td>牟诗雨</td><td colspan="4">查找资料、收集现场照片、完成调查报告</td></tr>
<tr><td>4</td><td>黄维</td><td colspan="4">查找资料、前期信息整合、完成调查报告</td></tr>
<tr><td>5</td><td>李倩倩</td><td colspan="4">查找资料、整体修改、总结结论、完成调查报告</td></tr>
</table>

一、调查目的和意义

（一）调查目的

1. 了解当代大学生对于红色经典著作的阅读现状，从而有针对性地在大学生红色经典著作阅读的内容、形式、方式方法上进行不断改进和创新，进而提升当代大学生红色经典著作的阅读水平。

2. 唤醒当代大学生对于红色经典的文化记忆，增强大学生对于红色经典著作的阅读使命感和责任感。

（二）调查意义

1. 有助于切实推进大学生红色经典著作阅读，推动校园文化建设。在深度了解大学生红色经典著作阅读现状基础上，进一步搭建内容与形式相得益彰的阅读平台，逐步形成立体多元的红色经典著作阅读分享格局，构建浓厚的校园红色经典著作阅读氛围。

2. 有助于帮助学生树立正确的三观，推动大学生学党史、知党情、跟党走。通过行之有效的举措，厚植大学生爱党爱国之情，增强大学生对于党和国家的理论认同、政治认同、情感认同、价值认同。

二、调查方法及具体实施步骤

（一）调查方法

1. 线上电子问卷调查；

2. 线上采访；

3. 实地发放问卷。

（二）具体实施步骤

1. 组内成员讨论确定调查主题及方向；

2. 网上查阅相关资料，了解调查主题的背景；

3. 设计调查问卷和采访文稿，针对特定采访对象发放问卷；

4. 线上发放调查问卷，对采访对象进行线上采访；

5. 综合分析调研数据，形成初步结论，并进行现状分析；

6. 撰写调查报告。

三、调查内容（调查过程中获得的材料及数据）

（一）调查工作概况

1. 2020 年 6 月 8 日，收集大学生阅读红色文化书籍的相关资料，整理文稿。

2. 2020 年 6 月 9 日—10 日，撰写网络调查问卷、采访稿。

3. 2020 年 6 月 11 日—14 日，在娄底市娄星区涟钢盛世嘉园小区进行问卷调查，同时在线上同步发布问卷。

4. 2020 年 6 月 15 日，在郴州市宜章县红色文化广场进行线上采访。

5. 2020 年 6 月 16 日—17 日，对采集的数据进行分析，撰写调查报告。

（二）调查问卷

大学生红色经典著作阅读情况调查

1. 您的性别是（　　）［单选题］

A. 男　　B. 女

2. 您的政治面貌是（　　）［单选题］

A. 普通群众　　B. 共青团员　　C. 中国共产党员

3. 您所在的年级是（　　）［单选题］

A. 本科一年级　　B. 本科二年级

C. 本科三年级　　D. 本科四年级及以上

4. 您的专业是（　　）［单选题］

A. 人文社科大类　　B. 经济管理大类

C. 理学工学大类　　D. 艺术体育大类

5. 您对红色经典著作（　　）［单选题］

A. 完全不了解　　B. 有点了解　　C. 非常了解

6. 您采取的阅读方式是（　　）［单选题］

A. 认真阅读，并与他人交流　　B. 当作一般课外书阅读　　C. 其他

7. 在关注红色经典著作时，您更侧重于其中的（　　）因素［单选题］

A. 政治思想　　B. 了解历史　　C. 情感纠葛

D. 文学价值　　E. 其他

8. 您阅读红色经典著作的原因是（　　）［多选题］

A. 课程学习需要　　B. 他人推荐　　C. 家庭原因

D. 个人兴趣　　E. 其他

9. 您是否觉得红色经典著作很有趣（　　）［单选题］

A. 是，很有趣　　B. 不，感觉很无聊　　C. 没感觉

10. 您一般从什么渠道获得红色经典著作（　　）［多选题］

A. 网上　　B. 书店或图书馆

C. 亲友推荐　　D. 其他

11. 红色经典著作给您的印象是（　　）［单选题］

A. 积极向上　　B. 激动人心

C. 很红很专　　D. 无聊　　E. 其他

12. 您觉得阅读红色经典著作是否有意义（　　）［单选题］

A. 是　　B. 否

13. 您是否会向同学们推荐红色经典著作（　　）［单选题］

A. 会　　B. 可能会　　C. 不会

14. 您最喜欢的红色经典作品是？［填空题］

____

15. 红色经典作品给你带来了什么影响？［填空题］

____

（三）调查数据

本次调查问卷回收有效答卷 116 份。其中男性为 39 人，占比 33.62%；女性为 77 人，占比 66.38%。普通群众为 3 人，占比 2.59%；共青团员为 109 人，占比 93.97%；中国共产党员为 4 人，占比 3.45%。[①] 本科一年级的学生有 48 人，占比 41.38%；本科二年级的学生有 53 人，占比 45.69%；本科三年级的学生有 6 人，占比 5.17%；本科四年级及以上的学生有 9 人，占比 7.76%。他们的所学专业情况为人文社科大类 56 人，占比 48.28%；经济管理大类 12 人，占比 10.34%；理学工学大类 38 人，占比 32.76%；艺术体育大类 10 人，占比 8.62%。其中有 11 人表示对红色经典著作完全不了解，占比 9.48%；100 人表示有点了解，占比 86.21%；5 人表示非常了解，占比 4.31%。

关于阅读方式，18 人选择“认真阅读，并与他人交流”，占比 15.52%；85 人选择“当作一般课外书阅读”，占比 73.28%；13 人选择“其他”方式阅读，占比 11.21%。在关注红色经典作品时，有 11 人表示更侧重于作品的政治思想，占比 9.48%；64 人表示侧重于了解历史，占比 55.17%；6 人侧重于情感纠葛，占比 5.17%；34 人侧重于文学价值，占比 29.31%；还有 1 人表示关注其他因素，占比 0.86%。对于阅读红色经典作品，52 人次是出于课程学习需要，占比 44.83%；44 人次是出于他人推荐，占比 37.93%；6 人次是出于家庭原因，占比 5.17%；82 人次是出于个人兴趣，占比 70.69%，7 人次是出于其他原因，占比 6.03%。关于红色经典文学作品，58 人认为很有

① 本书的百分数保留小数点后两位，按四舍五入取值，误差值为 ±0.1%。

趣，占比50%；10人表示感觉很无聊，占比8.62%；48人表示没感觉，占比41.38%。关于红色经典作品的渠道，57人次通过网上阅读，占比49.14%；87人次通过书店或图书馆途径阅读，占比75%；24人次通过亲友推荐阅读，占比20.69%；10人次通过其他途径阅读，占比8.62%。对于红色经典作品的印象，58人选择“积极向上”，占比50%；27人选择“激动人心”，占比23.28%；18人选择“很红很专”，占比15.52%；4人选择“无聊”，占比3.45%；9人选择“其他”，占比7.76%。关于阅读红色经典作品，114人认为有意义，占比98.28%；2人认为没有意义，占比1.72%。关于是否会向同学们推荐红色经典，46人选择“会”，占比39.66%；65人选择“可能会”，占比56.03%；5人选择“不会”，占比4.31%。

受访对象喜欢的红色经典作品主要是《周恩来》《红岩》等，从总体情况来看，大学生对于红色经典书籍的阅读面偏窄。大部分受访者认为阅读红色经典书籍能了解历史，开拓视野，提高涵养和思想觉悟，能引导大学生珍惜现在，爱党爱国，树立正确的价值观。

（四）采访文稿

1. 您是否了解红色经典著作？了解程度如何？

答：了解过红色经典著作，了解程度一般。

2. 您一般通过什么途径或者以什么方式了解红色经典著作？

答：有时通过向朋友、图书馆借阅，有时在网上阅读。平时会阅读与红色文化相关的书籍，或者是看红色文化题材的影视剧、话剧。

3. 如果了解过红色经典著作，那您了解红色经典著作的目的是什么？

答：有备考或学习需要，同时了解红色经典著作可以扩大知识面，增长见识，拓宽视野。

4. 您平时会阅读有关红色文化的书籍吗？经常阅读哪种类型的红色文化书籍？

答：会，喜欢阅读传记类的或者是时评类型的。

5. 通过对红色文化经典著作的学习，您有什么收获吗？

答：通过对红色文化经典著作的学习，我在一定程度上了解了党史、军史等光荣革命历程，受到了共产党人高尚精神品质的激励。

6. 您认为周围阅读红色文化书籍氛围浓厚吗？学校是否会做红色文化阅读讲座类似的推广？

答：阅读氛围一般，但学校有很多这样的活动。

7. 您觉得是否有必要在大学教育中培养大学生阅读红色经典书籍、了解红色文化？为什么？

答：有必要，红色文化是中国文化的重要部分，学习红色文化可以知历史，取精华，去糟粕。

8. 您认为学校开设的思政课对阅读、了解红色文化作品有促进作用吗？

答：有，通过课程学习可以系统地了解红色文化知识。

9. 对于阅读红色文化著作，您认为作为大学生应该主动学习还是有需求再学习？

答：我认为应该主动学习，一方面是因为红色文化具有积极作用，另一方面课堂上学习的知识是有限的，自己主动学习可以更深入了解红色文化。

10. 您认为大学生阅读红色文化著作的意义是什么？

答：我认为学习红色文化可以进行自我激励，提升大学生的民族自豪感和文化素养，有利于更好地理解和践行社会主义核心价值观。

11. 在推广阅读红色经典作品方面，作为大学生您认为可以做哪些力所能及的事情？

答：我认为可以开展线上阅读红色文化经典著作打卡活动，号召大家一起阅读红色文化经典，做红色文化讲座的志愿者，推广阅读红色文化著作。

四、调查结论与建议

（一）调查结论

1. 大学生红色文化书籍阅读的种类较单一，缺乏阅读动力。根据采访与问卷调查可以看出，大多数的大学生对红色经典著作都有一定的了解，但也存在个别同学完全不了解的情况。

2. 大学生对红色文化书籍缺乏阅读兴趣，但存在一定的渴望度。红色文化书籍具有丰富的内涵，包含着许多动人的精神，但是大多数大学生阅读时都把它当作一般的课外书阅读，只有一小部分同学选择认真阅读、交流。但令人惊喜的是，大多数人阅读红色经典著作是出自自己的兴趣，还有占比重大的两个原因是课程学习需要与他人推荐。在问到会不会把红色文化书籍推荐给同学们时，选择“会”和“可能会”的大学生占了95.69%，只有很少一部分同学选择“不会”。这也足以看出，大学生对待红色文化书籍是有阅读欲望与阅读需求的。

3. 大学生对红色文化书籍的底蕴缺乏一定的了解，在阅读红色文化书籍时，关注点并不是红色文化。在关注红色经典作品时，大学生们更多的是为了了解历史，而红色文化书籍的产生恰恰与历史密不可分，此外，文学价值也是很多人在意的因素。而政治思想、情感纠葛等因素，在意的人则偏少。

4. 大学生获取红色文化书籍的渠道较窄，大多数人是通过书店和图书馆，另一部分则是通过网络，一小部分同学则是通过其亲友推荐。

5. 红色文化书籍的阅读，给予了大学生精神上的鼓舞，促进了大学生的身心健康发展。在大多数人的心里，红色文化书籍都是非常有意义的，不少大学生表示阅读红色文化书籍给自己带来了正能量，他们对红色文化书籍的印象也多是“积极向上”“激动人心”。但是也有极少的同学认为其“无聊”。

（二）调查建议

1. 针对大学生对红色文化书籍缺乏阅读动力的状况，我们建议大学生利用课外空闲时间多多了解和阅读红色书籍，同时国家和学校作为大学生学习方面的引导者，应该积极开设相关课程和出台相关政策，鼓励大学生阅读红色书籍，了解中国优秀红色文化。

2. 针对大学生对红色文化书籍缺乏阅读兴趣这一问题，我们认为可以加强红色书籍的阅读量和交流量。例如，学校可以在校内设立相关的红色书籍阅读交流会，或者成立专门的红色书籍阅读小组，每个月固定一本红色书籍，让同学们有时间去仔细阅读，互相交流，分享体会。

3. 关于大学生对红色文化书籍缺乏了解这一问题，我们认为社会应当加强红色文化氛围的建设。在进行红色文化书籍的宣传时，不要只是简单地介绍书籍，还可以采用情景剧、相声等形式，生动再现书中的相关情景，使大学生更好地汲取书中所传播的政治思想。绝大多数人阅读红色书籍是为了了解历史和其中所蕴含的文学价值，但是对于处在和平时代的我们，红色书籍中所包含的政治思想也应当是我们需要去学习的。红色书籍为我们留下的不仅是光辉的历史和厚重的文学价值，更是老一辈人艰苦奋斗的精神和他们为之奋斗的政治思想，我们大学生阅读和学习红色作品也要着重学习其中的优秀精神和继承优良的政治思想。

4. 对于获取红色书籍的渠道，书店和图书馆是绝大多数人获取红色书籍的场所，应当保证这两个场所有足够数量和各种类型的红色书籍，同时，可以设立免费阅读红色书籍的网站，让人们更方便获取红色书籍的资源。国家应当根据实际情况，适当将红色书籍纳入教学课程，将比较冷门的红色书籍向大众推广，进而形成一个“红色文化热”，让大家通过红色书籍了解红色历史，学习红色文化精神，为中华民族复兴提供强大精神动力。

五、本组成员在调查过程中的收获和体会

曹恩妮：红色文化是在革命战争年代，由中国共产党人、先进分子和人民群众共同创造并极具中国特色的先进文化，蕴含着丰富的革命精神和厚重的历史文化内涵。红色文化是一种重要资源，包括物质文化和非物质文化。一个国家、一个民族不能没有灵魂，要坚定文化自信。文化自信关系国运兴衰、文化安全和民族精神独立。坚定文化自信是实现中华民族伟大复兴的必然要求，只有坚定文化自信，才能强固民族精神之“根”，熔铸理想信念之“魂”，涵养核心价值之“源”。通过此次对大学生红色文化著作阅读情况的调查，我深刻意识到了传承红色文化的重要性，作为一名新时代大学生，在现在文化繁荣的社会，不仅要吸纳外来优秀文化，更重要的是要坚守本民族的优秀传统文化。红色文化作为中华文化的重要组成部分，给我们提供了精神动力。我相信在以后的岁月中，红色文化定能获得新的发展与传承。

李倩倩：通过这次社会调查，我更加深刻地认识到了红色经典著作对于人们精神上的滋养，它将以爱国主义为核心的团结统一、爱好和平、勤劳勇敢、自强不息的民族精神播撒在每一个阅读者心里。红色经典著作是宝贵的精神财富，更应该成为人们日常愿意阅读的书籍，在推广阅读红色经典著作这件事情上，我们仍然任重道远。

欧阳婉婷：通过对红色文化书籍阅读情况的调查，我了解了大学生中阅读红色文化书籍的现状。在国家、学校的重视下，绝大部分大学生都能正确认识红色文化的意义和阅读红色文化书籍的重要性，呈现一派积极向上的风貌。同时，我也感悟到了自己的不足，平时阅读红色文化经典书籍较少，要加强红色文化书籍的阅读和学习。在这次调查中，通过采访工作，我提升了采访文稿的撰写水平，学会了如何与采访对象更好地沟通，提高了实践能力。

牟诗雨：在这次社会实践调查的过程中，我深刻地体会到了团队合作的重要性，在小组中，各负其责、各归其位，能高效率地完成工作，并且要想做好这个工作需要大量的知识储备和丰富的经验。其次，这次实践更让我意识到阅读红色文化书籍的重要性。此次社会实践调查，我收获颇丰，学到了很多东西并且也从中看到了自身的不足，以后会更加努力地学习专业知识，提升自己的综合素质。

黄维：通过此次社会调查活动，我学习了调查报告的写作方法。我们小组调查的内容是大学生红色文化著作的阅读情况。通过这次调查，我发现自己作为大学生，对于红色文化书籍的阅读也不是很多，我也需要多多去阅读红色文化书籍，学习红色精神。同时，我再一次体会到了小组成员之间协调精神和团结精神的可贵，让我收获和成长了很多。

指导老师意见

面对当今社会越来越多的诱惑和干扰，大学生是否能静下心来阅读一些红色书籍？调研小组以大学生红色文化著作阅读情况为调查主题，通过问卷、访谈等形式客观真实地反映了大学生红色文化书籍阅读的现状，在此基础上进行了翔实而有针对性地分析，凸显了此次调研的现实意义。希望同学们在此次调研的基础上，进一步探究提高大学生红色文化阅读兴趣的途径，在高校切实加强红色文化教育，让大学生真正成为传承红色基因、助推国家现代化建设的中坚力量。

侯旭平

二、绿色系列

绿色是生命的象征、大自然的底色。绿色发展理念是马克思主义生态文明理论同我国经济社会发展实际相结合的创新理念，是深刻体现新阶段我国经济社会发展规律的重大理念。以“弘扬生态文明理念，共建绿色家园”为主题，组织学生开展社会实践活动。学生在教师指导下，以学习小组为单位，根据所学专业特点及学生个人兴趣，确定调研选题。围绕什么是绿色生活、如何实现绿色发展、怎样践行环保行动、怎样使绿色发展观念深入人心等问题，开展理论研学、实地考察、问卷调查、街头采访、小组讨论等系列活动，在此基础上撰写社会调查报告。通过开展“绿色”移动思政课堂系列活动，引导学生传播绿色生活观念、普及绿色生活知识、养成绿色生活方式，积极倡导社会公众参与生态文明建设和环境保护，共同营造绿色生活的社会氛围。

长沙市生活垃圾分类现状调查

<table>
<tr><td colspan="2">学院</td><td>法学院</td><td>班级</td><td>2018 级法学 3 班</td><td>组长</td><td>邓凌云</td></tr>
<tr><td rowspan="7">小组主要成员</td><td>序号</td><td>姓名</td><td colspan="4">小组分工</td></tr>
<tr><td>1</td><td>邓凌云</td><td colspan="4">总体设计、调查报告的撰写</td></tr>
<tr><td>2</td><td>黄维</td><td colspan="4">资料收集和问卷调查</td></tr>
<tr><td>3</td><td>肖甜甜</td><td colspan="4">数据统计、分析</td></tr>
<tr><td>4</td><td>欧阳婉婷</td><td colspan="4">数据统计、分析</td></tr>
<tr><td>5</td><td>谢吟</td><td colspan="4">调查结论与对策研究</td></tr>
<tr><td>6</td><td>孙傲寒</td><td colspan="4">PPT 制作</td></tr>
</table>

一、调查目的和意义

（一）调查目的

1. 了解长沙市内关于生活垃圾分类的现状，为我国目前生活垃圾分类的法律机制提供实践经验。

2. 为推进生活垃圾分类措施的有效落实提供真实的调查数据和意见，共同创建美好的生活环境、构建和谐生态、建设美丽中国提供现实依据。

3. 通过制度建设，严格落实生活垃圾分类行动，解决垃圾难处理的问题，推进经济与生态文明建设协同发展。

4. 探索关于生活垃圾分类方面法律机制建设的合理方向，有助于从法律层面解决生活垃圾治理问题，实践生态环境多元共治的新模式，推动发展共建、共治、共享的社会治理新格局。

（二）调查意义

推进生活垃圾分类，实现生活垃圾减量化、资源化和无害化是解决城乡发展面临的资源短缺、环境污染、生态破坏和垃圾围城困境的重要举措。党的十八大报告首次单篇论述生态文明建设，提出“推进绿色发展、循环发展、低碳发展”，把生态文明建设摆在我国经济社会建设总体布局的战略高度。随着经济的迅猛发展，与日俱增的生活垃圾对生态环境造成了巨大压力，如何解决生活垃圾问题、有效进行垃圾分类成为亟待解决的重要问题。

2019 年 1 月 31 日，上海市第十五届人民代表大会第二次会议通过《上海市生活垃圾管理条例》，自 2019 年 7 月 1 日起施行。2019 年 2 月 1 日，《兰州市城市生活垃圾分类管理办法》正式施行。据《垃圾分类处理行业 2018 年度发展报告》介绍，从垃圾分类覆盖面来看，46 个重点城市均公布了实施方案。其中，41 个城市已开展垃圾分类示范片区建设，19 个城市出台了示范片区建设和验收标准。截至 2018 年 7 月，70% 的城市（32 个）已通过公开招标方式采购垃圾分类运营企业，尚有 30% 的城市（14 个）未发现此类招投标项目。而在 2017 年 3 月，长沙市亦被确定为全国 46 个生活垃圾分类处理试点城市之一，要求到 2020 年底基本建立生活垃圾分类相关规范。

2018 年，长沙在全市 342 个社区开展垃圾分类试点，成功创建开福区清水塘社区、雨花区枫树山社区、高新区麓源社区等示范社区 62 个，全市共建成并投入使用各类垃圾就地就近资源化利用项目 13 个。开展本调查研究，可以进一步了解长沙市的生活垃圾分类现状，探索更有效的生活垃圾分类模式，从制度建设的角度寻找突破点，寻求破解当下资源短缺、生态破坏、垃圾围城等困境的方法，促进经济社会可持续发展。

二、调查方法及具体实施步骤

（一）调查方法

问卷调查法（线上问卷调查和线下问卷调查）、访谈法、观察法等。

（二）具体实施步骤

1. 前期准备阶段（2019 年 9 月—10 月）：项目组成员通过线上线下相结合的方式，收集了海量关于我国生活垃圾分类的数据和资料，并制定出一套完备的执行计划。

2. 实践调研阶段（2019 年 10 月—11 月）：实地调研和数据收集。针对长沙市内各区公共垃圾站（湿垃圾、干垃圾压缩站）等进行实地调研，对相关环卫工作人员进行采访，获取有效实地数据信息；对长沙市政府相关职能部门人员进行访谈，了解长沙市生活垃圾分类的法律法规、政策条例等的制定和探讨过程，深入分析现有立法背后的机制和缺陷；随机在长沙市内各高校和社区发放问卷进行调查，坚持线上与线下调查结合；同时深入各社区调研考察，进一步了解社区居民生活垃圾分类的现状。

3. 数据研究阶段（2019 年 11 月—12 月）：收集并整理在实践调研阶段所获得的数据及相关内容资料，并根据前期准备阶段收集的数据进行了对比，通过理论联系实践的方式，对所有的资料进行分类研究。针对长沙市内生活垃圾分类的现状，共同探讨如何从立法层面去有效推行和发展生活垃圾分类模式。

4. 建言提策阶段（2019 年 11 月—12 月）：调查研究的内容以调查报告的形式发送至有关政府部门（如湖南长沙市人大常委会信访工作办公室邮箱）。

三、调查内容（调查过程中获得的材料及数据）

（一）项目执行情况

此次调查的范围是长沙市内各高校及社区（主要以开福区、岳麓区、芙蓉区为主），调查对象主要是高校学生及社区居民。调查实施方法为高校内及社区内流动发放调查问卷。同时对各区垃圾站环卫工作人员以及政府职能部门人员进行访谈交流。此次调查共收回有效问卷 581 份。项目组成员对问卷内容及数据进行严格审核，利用数据软件进行科学统计分析。

（二）问卷调查情况

1. 目前在长沙市市民的生活中，大部分市民不会按照分类标准对生活垃圾进行分类。根据所调查的问卷数据显示，只有 37. 07% 的市民在日常生活中会将生活垃圾分类投放垃圾箱，有 39. 71% 的市民对生活垃圾不分类直接投入垃圾箱中，18. 53% 的市民会将可回收废品分类出来，而 4. 68% 的市民是跟风随意的态度。可见，目前在长沙市市民的生活中，能主动进行生活垃圾分类的市民并不多，市民的垃圾分类意识不强，自觉性不高，缺乏主体责任感。

2. 长沙市内目前虽有关于生活垃圾分类的规定和措施，但执行力度低下，市民积极性不高。在问卷调查的数据中，有达65.78%的市民认为自己所居住区域尚未强制要求垃圾分类；针对强制执行垃圾分类的措施有85.13%的市民认为这会给自己的生活带来不便，但基本可以接受强制执行垃圾分类的相关措施和规定。这表明目前长沙市虽已有相关规定，但尚未全面具体落实至市民主体身上，而按照分类标准细化生活垃圾分类也有可能会给市民日常生活带来不便，比如垃圾分类实施中出现的错运混运现象、垃圾投放时间不在空闲时间内、垃圾桶数量不合理等造成垃圾无法被及时有效地分类处理等。

3. 市民生活垃圾分类意识不强，分类能力待提高。根据调查统计数据显示，目前在长沙市内绝大部分市民对于生活垃圾的分类只有模糊的认识，有达57.84%的市民认为自己可以对生活垃圾进行简单地分类，13.85%的市民认为自己几乎不能分清垃圾的种类。而在关于生活垃圾分类的教育讲座等宣传中，也只有31.36%的市民经常参与，46.84%的市民偶尔参与，甚至有21.79%的市民不参与相关教育活动。这表明目前长沙市虽已有关于生活垃圾分类的规定和宣传，但是市民无论在意识上还是行动上都对此不够重视，分类意识不强，分类能力低。

4. 目前生活垃圾分类的现状并不乐观，垃圾分类制度推行前后的变化不大。数据显示，仅9.16%的人认为生活区域的垃圾分类工作落实到位；高达72.3%的市民认为并没有完全实现生活垃圾分类，只有宣传垃圾分类和设立分类垃圾桶，而垃圾并未按规定标准投放；14.26%的市民认为和以前没有什么变化，还是将垃圾全部投放至垃圾桶；4.28%的市民认为目前自己生活区域的垃圾分类实施得非常不好。在生活垃圾分类现状并不乐观的情况下，96.13%的人从未因垃圾分类不当而受到相关处罚。

5. 根据统计的数据可知，在有奖励的情况下，有74.75%的市民愿意成为垃圾分类志愿者或督导员，监督生活垃圾的分类及其他工作。其中46.64%的市民完全出于自愿，乐于为营造美好环境做贡献。

6. 根据统计的数据可知，在生活垃圾分类过程中有以下几个方面有可能造成实施困难：居民自身环保意识淡薄、对垃圾分类知识知之甚少、配套设施不够完善、宣传力度不够、职能部门规划不力、居民法律意识欠缺等。其中在市民的反馈中，环保意识不强、对垃圾分类知识知之甚少、设施不够完善被认为是生活垃圾分类中的主要问题。

7. 根据统计的数据可知，在生活垃圾的分类过程中，77.6%的人认为普通市民应该发挥作用，70.88%的人认为环卫工人应该是生活垃圾分类的主要负责者，74.95%的人觉得相关职能部门要在垃圾分类中发挥管理者的作用，49.29%的人认为要发挥宣传媒体的作用，59.27%的人认为社区工作人员要发挥作用，41.55%的人认为需要进行学校教育。可见，绝大部分市民认为在生活垃圾分类中普通市民、环卫工作者、政府职能部门是推进垃圾分类有效实施的主力军。

8. 针对长沙市生活垃圾分类现状，市民们提出了下列建议：①完善监督机制，防止错运混运等现象出现；②加强垃圾分类立法教育宣传；③明确相关部门责任体制，加强相关法律法规执行力度；③明确社会、企业、学校、家庭等相关主体义务；④具体实施中根据不同场合调节垃圾桶数量；⑤可增设垃圾投放时间段。根据统计的数据可知，其中主要有三类建议出现频率较高：其中79.43%的市民认为要完善监督机制，以提高垃圾分类质量和效率；81.67%的市民认为要加强垃圾分类的立法教育宣传，强化分类意识，提高分类能力；75.56%的市民认为必须要建立相关部门责任体制，明确主体责任，加强相关法律法规执行力度。

（三）访谈记录

各区各街道各社区的开展生活垃圾分类的情况各有不同，本调研的访谈记录分析主要围绕开福区、岳麓区、芙蓉区等社区展开，其记录均具有真实性、代表性。

1. 社区环卫工作人员的访谈记录

开福区工作人员：（浏阳河街道）社区生活垃圾分类情况并不统一，但都有进行分类的要求，在电子屏幕上也会有关于生活垃圾分类宣传视频播放，平时社区也会进行宣传教育，居委会、物业对这方面都很重视。居民平时垃圾分类做得并不太好，虽然要求他们分好类再装垃圾，但还是存在垃圾乱丢、乱放的现象。我平时主要是负责湿垃圾的运送，将湿垃圾统一送至附近的公共垃圾站。(月湖街道) 垃圾分类虽然有宣传和规定，但居民能够做到的并不多，在物业管理分类设施这块，也只是在每栋垃圾集中收集点有分类垃圾桶，楼道里每户住户统一将自己垃圾投放至一个垃圾桶，由我们环卫人员每天进行回收并分类投至各垃圾集中点，再由负责各类垃圾运送的人员将其运转至附近公共垃圾站。(洪山桥街道) 附近商户居多，这里有个公共垃圾站，所以居民基本将自己垃圾桶里的垃圾统一放至垃圾站。由于这个原来是干垃圾压缩站，现已改为湿垃圾站，所以除了湿垃圾会直接投放至垃圾车以外，干垃圾只能暂且堆放至一旁，等负责干垃圾运送的人员来清理回收。社区是有宣传垃圾分类的，但是居民们有的分类有的不分类，所以基本还是需要我们进行再次分类。针对现在垃圾分类的状况，一个是要坚持和加强宣传，另一个是要增强居民垃圾分类意识。还有关于环卫工作人员的垃圾分类工作，现在的要求和标准提高了，我们的工作量也加大了，在财力、物力、人力这块政府要加大投入，要么就通过奖励机制提高积极性，要么就增大人力、物力投入，缓解工作量的激增。

岳麓区工作人员：(橘子洲街道) 社区目前生活垃圾分类工作进行得还可以，比以前好很多，但是基本上垃圾分类工作还是依靠我们环卫人员。社区居民投放垃圾会有规定时间，每天晚上八九点我们会上门回收垃圾，超时的便自己处理。如果是商户的话，每个月还需要交 20 元。垃圾桶之类的分类设施还是比较到位的，垃圾基本靠居民自觉分类，所以还是会有投放错的、没分类的，因此对生活垃圾的分类还是要靠我们分类好运送至不同的分类垃圾站处理。

芙蓉区工作人员：(马王堆街道) 垃圾分类的措施给环境带来了很好的影响，社区在这方面宣传教育也很多，但是居民用户环保意识不强，经常随意、不正确投放垃圾，这给环卫工作带来了极大的困难，导致环卫工作效率低下，给工作人员增加了负担。社区的环卫工作人员分区负责，把分好类的垃圾统一由负责运送的人员拉至分类垃圾站。对于目前生活垃圾分类的现状，作为环卫工作人员来说，希望有相关的奖励机制，不能只有惩罚。现在工作标准和要求高了，我们的工作量大大增加，却没有相关奖励或激励措施，工作动力就会不足，工作受挫影响积极性。其次对于居民主体这块，要不断加强宣传，要对个人进行教育。要想真正做好垃圾分类工作，建设美丽城市，政府要舍得投入，加大投入力度。

2. 社区居民的访谈记录

居民一：因为家里也就那么几个垃圾桶，所以我一般不会分类，没有时间和资源，大部分时间都是直接集中丢垃圾。

居民二：《长沙市生活垃圾分类管理条例》出台后，社区的负责人和物业公司也有跟我们这些业主开过会，通知我们需要实行垃圾分类工作。关于垃圾分类的宣传措施是做得比较多的，小区的宣传栏上都会有相关宣传，小区里垃圾桶之类的设施也都换新了。教育活动的话，十月份的时候有给我们发过宣传资料，也举行过垃圾分类的小讲座。

居民三：像我们这些工作比较多的人一般不会去参加垃圾分类宣讲会，但是家里的老年人一般都会去参加，然后回来告诉我们。

居民四：从流程和环节来看一般都是我们将垃圾分类扔进垃圾桶，如果没有分类垃圾，会有小区的垃圾分类督导员来进行二次分类，湿垃圾会拉到小区里的湿垃圾处理站，干垃圾直接拉到外面的垃圾站。

居民五：社区的垃圾分类状况一般吧，有人会分类但是也有人不分类，所以还是垃圾分类的主体不太明确吧，要求不是特别严格。关于垃圾分类的完善措施，我觉得还是要靠政府督促，加上居民自觉。

居民六：生活垃圾分类的管理条例之前有看到过，但是也没有很认真去了解，我觉得生活中居民个人关于垃圾分类的处罚措施没有落实到位，只是了解但是不太当回事的人比较多，不过我觉得惩罚力度还是不要太大，进行警告教育就可以了。

居民七：希望相关立法能够明确要求居民实施垃圾分类，不然的话，大家垃圾分类的行动总是不能统一，可能会拖慢垃圾分类的进程。

3. 高校环卫工作人员的访谈记录

工作人员一：学校内部现在也在推进垃圾分类机制，主要由学生自主分类，我们这些工作人员加以监督指导，不过实际上主要还是我们来进行分类。

教学楼区域主要采用“四分法”（可回收垃圾、不可回收垃圾、厨余垃圾、有害垃圾），宿舍园区主要分为干垃圾和湿垃圾，所有垃圾会有垃圾车统一拉到学校外面的垃圾站进行分类处理，大概一天两到三次，废品会有外面的废品回收人员来学校进行回收。

工作人员二：垃圾分类主要是我们这些教学楼和宿舍园区的保洁人员来开展，学校领导和物业也有统一要求，要按照《长沙市生活垃圾分类管理条例》的规定进行。

工作人员三：开展垃圾分类后主要的变化就是垃圾分类的种类增多了，以前只是分为可回收和不可回收垃圾，现在增加了干垃圾、湿垃圾和有害垃圾，我们的任务也更加重了，有时候会有点顾不过来。

工作人员四：大部分学生还是把所有的垃圾全部装在一个垃圾袋里然后扔进垃圾桶，一般都不会自觉分类，有时候监督他们分类垃圾有的学生还会表示不满，据我所知学校应该没有在这方面对学生有强制要求。

工作人员五：垃圾分类工作实施后我们的工作强度和难度确实都增加了，如果上级领导来检查发现垃圾分类工作做得不合理，会按照《长沙市生活垃圾分类管理条例》的要求惩罚物业，再由物业以罚款的形式惩罚我们，工资还是和以前一样没有变化，我们也就是回收一点废品作为补贴。

工作人员六：大部分学生对于垃圾分类的知识不够了解，实施垃圾分类后学生自主垃圾分类的意识不强，缺乏自觉性，对于不自觉进行分类的学生也没有惩罚措施。我们希望学校能够多组织学生学习垃圾分类的知识，因为学生是学校生活垃圾的主要生产者，或者也可以在每个学院推选一些学生作为垃圾分类督导员，在学习垃圾分类知识的同时也能协助我们的工作。

4. 公共垃圾站环卫工作人员的访谈记录

四方坪公共垃圾站工作人员：这是一个湿垃圾压缩站，附近一共有三个湿垃圾压缩站。附近80%的湿垃圾在此处理，垃圾主要来源于附近的商贸城、菜市场，由环卫工人进行分类，然后将垃圾拉到公共垃圾站，针对不合格的垃圾（如白色垃圾等包装类垃圾5%—10%进行回收，超出20%不回收），不进行回收。一般垃圾需要一天拉一车或者两天拉三车，每天将压缩后的垃圾拉至洪山桥中转站。垃圾站周围社区的垃圾分类情况不是很好，特别是菜市场垃圾多而且杂，每天需要清理多次，而且垃圾分类后工作量就增加了。希望政府重点以加强教育宣传为主，提高群众的垃圾分类意识。

洪西小学公共垃圾站工作人员：由于制度改革，洪西小学公共垃圾站由干垃圾压缩站改为湿垃圾压缩站，干垃圾需要分类运送至洪西干垃圾站，大概每天需要运送 2—3 次。垃圾基本都是由环卫人员来进行分类，这与以前相比肯定加大了工作量，增强了工作难度，居民能将垃圾分好类的不多，最后还是要靠环卫工人分类，而且这里现在没有干垃圾站，工作量也进一步加大了。

牌楼路公共管理站工作人员：牌楼路公共管理站现在是干垃圾压缩站，负责干垃圾的运送和压缩，湿垃圾会分类出来拖到附近的湿垃圾压缩站处理，还会对干垃圾、湿垃圾进行废品回收。平时上级会来监督，有检查和宣讲活动，要求按照垃圾分类政策进行分类。周围社区垃圾分类还可以，每天有物业的环卫工人进行分类，居民还是不太会将垃圾正确分类，实施垃圾分类后我们的任务量确实增加了，不过对环境还是很好的，值得提倡。

5. 政府工作人员的访谈记录

①长沙市制定的生活垃圾分类工作方案，对在社区开展生活垃圾分类治理有什么指导作用？

我们在健全垃圾分类机制、加强系统运作的同时下发相关方案，让社区负责人员有办法可依，可以依据方案具体实施垃圾分类宣传活动，实现广大民众参与垃圾分类。当然，方案的提出也为后来《长沙市生活垃圾分类管理条例》的颁布提供了前提条件，让民众在熟悉垃圾分类的同时，指导社区民众积极遵守管理条例。

②长沙市政府在社区生活垃圾分类治理方面采取了哪些措施？您认为政府在社区垃圾分类治理过程中应扮演什么角色，起到什么作用呢？

我们在社区生活垃圾分类治理方面针对长沙市各区不同的情况因地制宜。首先，向各区的主要负责部门和负责人员下发关于实施《长沙市生活垃圾分类管理条例》的通知，再由各区负责人向群众传达，同时投入资金完善各区的垃圾分类基础设施建设，统一规定“四分法”分类模式，逐步构建分类投放、分类收集、分类运输和分类处置体系。在党政机关等公共机构实施生活垃圾强制分类，让党员成为垃圾分类的带头人。同时深入推进以社区为基本单元的生活垃圾分类试点，加强宣传，倡导全民参与，允许各社区负责人采用奖惩或活动的形式向居民宣传垃圾分类的知识。其次，在全市实施生活垃圾处理初级阶梯计费管理，利用经济杠杆减少垃圾排放量，通过分类试点、服务外包、前端分流等多措并举来促进减量。最后，我们也在加快垃圾分类终端处理设施规划建设，以终端处置引导前端分类。政府主要扮演垃圾分类推动者和监督者，积极推动垃圾分类工作的进程，落实《长沙市生活垃圾分类管理条例》的实施，监督垃圾分类落实情况并针对不足及时做出对策。

③目前长沙市关于生活垃圾分类治理主要是由哪个部门牵头呢？各个部门又是怎么分配任务、履行职责的呢？

此次垃圾分类的推行主要是政府带头，相关部门比如长沙市固体废弃物管理处负责指导、协调、监督管理生活垃圾（含餐厨垃圾）、建筑垃圾、粪污等固体废弃物综合处置工作，负责指导和监督管理城市生活垃圾分类，负责承担长沙市生活垃圾分类工作领导小组办公室的日常工作。长沙市生活垃圾综合处理事务中心负责编制和实施长沙市生活垃圾处理的专业规划，负责长沙市固体废弃物处理场和长沙市第一垃圾中转处理场的日常营运监管、计量监督、作业工艺监督、环境监测和关系协调等工作，负责对营运合同执行情况进行监督，负责长沙市固体废弃物处理场未纳入特许经营权范围内的有关设施建设，负责有关垃圾处理方面的技术研究等工作。

④在治理城市社区生活垃圾分类问题的过程中，政府是否与环保企业或者非政府组织有建立相关合作呢？

目前我们施行的是政府领导下的综合协调、部门协作、社会参与的推进机制。充分发挥市场作用，支持、培育从事垃圾分类处置和资源化利用的龙头企业，积极探索特许经营、承包经营、租赁经营等方式，通过服务外包引入专业公司参与分类收集、运输和处理。加大公共财政支持力度，加强法规制度建设，逐步建立竞争有序、运行高效、服务规范、富有活力的生活垃圾分类运行体系。

⑤近几年，虽然政府部门在垃圾分类的基础设施与宣传教育方面投入了大量的财力、物力与人力，但从当前社区生活垃圾分类治理效果来看，并没有什么大的成效。您觉得原因主要包括哪些呢？

生活垃圾的分类是一个长期、复杂且艰苦的系统工程，需要组织管理、宣传教育、设施设备配置、资金配套以及一系列规则制度的支撑。法律机制、管理制度仍在实践中探索完善。目前公众参与度不高，群众垃圾分类意识有待提高，垃圾分类不同于传统“随手扔”式的垃圾处理方式，需要群众具有环保理念和自律意识。目前虽进行了大量的宣传工作，但部分居民对垃圾分类仍缺乏认识，知晓率和分类正确率较低，传统习惯仍然主导着居民日常生活。另一方面，资金不到位，设施更新缓慢。目前主要依靠政府投入，财政压力较大，缺少社会资金进入的相关政策措施；对社会资金的参与缺乏有效引导；垃圾分类处理方面的新技术得不到推广应用，设备设施落后，在处理方式上，仍然以填埋和焚烧为主。

⑥结合城市环境治理与社区垃圾分类收集的实际需求，政府下一步有什么样的工作计划呢？地方政策法规大概什么时候能出台实施呢？

我们会加强组织领导，建立生活垃圾分类组织协调机制，负责统筹解决生活垃圾分类工作中的重大事项；加强法规政策支撑，进一步完善生活垃圾分类法规制度，加快长沙市生活垃圾管理条例立法和出台有关生活垃圾分类配套制度规范；加强财政保障，市财政要足额安排预算，在预期增量垃圾的处理经费预算中，按照阶梯计费管理办法，统筹结余资金，全部用于垃圾分类工作；广泛宣传引导，市级统筹实施全市性的生活垃圾分类宣传工作，倡导“有害先分开、能卖拿去卖、干湿两分离、长沙更美丽”。各区县（市）分区域、分层级加大宣传力度，普及生活垃圾分类知识；加强中小学环保科普教育，开展垃圾分类知识进校园活动；组织开展生活垃圾分类专项培训，建设市、区县（市）生活垃圾分类教育基地；深入开展社会宣传，通过新闻报道、公益广告、社区课堂、现场观摩会、经验交流会等多种形式提高生活垃圾分类公众参与度；强化监管执法以及对长沙市生活垃圾分类投放、收集、运输和处置的全过程监管；加强对违规投放、收运、处置生活垃圾的执法整治，对随意倾倒、处置生活垃圾的行为进行严管重罚；强化督查考核，适时开展专项督查，督查结果纳入对各区县（市）和市直相关责任单位年度绩效考核；逐步将垃圾分类纳入环境信用体系建设，与企业、个人的信用挂钩。2020 年 10 月 1 日起开始正式实施《长沙市生活垃圾管理条例》。

四、调查结论与建议

（一）调查结论

1. 市民分类意识不强，分类能力待提高。从市民在日常生活中进行生活垃圾分类的情况来看，绝大部分尚未有按规定标准进行生活垃圾分类的自觉，对于生活垃圾分类回收的意识不强，尽管已有关于生活垃圾分类知识等的宣传教育，但积极主动参与其中的并不多，思想层面上并未重视，从而进一步导致分类知识了解不到位，无法有效正确地对生活垃圾进行分类，分类能力低，进一步影响分类回收的效率和质量，行动上的不到位又加剧思想上的消极，形成恶性循环，不断消耗市民积极性。因而要有效推进垃圾分类，真正实现绿色文明城市的共建，要将责任落实到每一个主体、每一个市民身上，单靠市民的自我约束、自我教育是无法实现的，需要通过加强外部规章制度的建设，强化其约束力，督促市民进行垃圾分类。针对市民分类意识不强的现状，可以通过奖惩制度、监管制度等的建立和完善来约束和规范市民行为，同时除了借助媒体等信息传播渠道进行宣传教育外，还可以通过对生活垃圾分类的标识制度的健全来促进市民垃圾分类能力及垃圾分类效率和质量的提高。

2. 分类标准的不统一化，给居民分类造成一定影响和困难。由于各城市经济水平、分类技术、回收条件等原因，实施垃圾分类的时间和措施均有所差异，导致各城市采用的分类标准自然也各有不同。在访谈记录中，由于某些市民会长期奔波在不同的城市间，以及工作和家属居住地的不同，在日常生活中时常会出现不同城市不同分类标准导致的分类混乱，无法准确识别垃圾类别，最后导致随意投放垃圾。增强居民生活垃圾分类意识，提高其分类能力，除了明晰分类标识、加强媒体宣传及教育外，垃圾分类标准的统一也极为重要，可以说是生活垃圾分类正确开展的前提。

3. 虽然目前长沙市已有关于生活垃圾分类的相关规定，但其实施现状并不乐观。从所调查的数据来看，虽然目前长沙市已出台《长沙市生活垃圾管理条例》（以下简称《条例》），但各社区生活垃圾分类的情况并不乐观。在《条例》中，《法律责任》一章将各主体不按规定标准做好分类工作应承担的责任和法律后果都做出了明文规定，然而从目前我们所调查的结果可以知道，绝大部分市民在并未按照规定的标准和要求进行垃圾分类的情况下，也没有出现因此而受处罚的情况，其他主体如环卫工作人员及负责的政府部门也暂无处罚情况。尽管如此，但《条例》的出台依旧为我市有效开展生活垃圾分类工作提供了法律保障。实现生活垃圾分类常态化长路漫漫，在法律层面仍需我们完善发展，在实践中不断建立健全相关制度，以更好地保障和推动垃圾分类工作的深入开展。

4. 激励机制的欠缺，各主体分类工作动力不足，缺乏积极性。通过调查我们了解到，在有奖励的情况下，绝大部分市民愿意成为垃圾分类的志愿者或督导员，为分类工作贡献自己的一份力。环卫工作人员作为垃圾分类工作的重要主体，实施垃圾分类造成其工作标准和要求的提高，导致其工作量加大和工作强度增大，同时缺少相匹配的奖励机制，在分类成果并不显著情况下，工作受挫自然会导致其工作积极性下滑。要实现生活垃圾分类常态化发展，全面提升我市生活垃圾分类管理工作水平，有效改善人居环境，推进生态文明建设，必须不断建立健全相关规章制度。虽然目前在《条例》中已有相关法条涉及奖惩，但一方面实施并不到位，另一方面以条文形式确立，并无具体化的规定和制度，故在落实过程中无法有效落实到每一主体，操作性不强。

5. 垃圾分类的主体责任不清晰，缺乏具体实施细则。虽然绝大部分市民表示本社区生活垃圾分类状况并不乐观，然而他们依旧秉持着传统观念，认为垃圾分类工作主要是政府和环卫工作人员的事情，对其自身的要求不高。在长沙市目前出台的《条例》中，对生活垃圾分类的责任主体有相关规定，如“生活垃圾分类投放实行管理责任人制度”“单位和个人是生活垃圾分类投放的责任主体”等，但在责任界定方面，缺乏实施细则，未能明确各主体的具体责任，责任范围和追责措施不明。因而针对主体制度方面，还应有相关实施细则，进一步健全制度。

（二）调查建议

通过对长沙市关于生活垃圾分类的现状和发展实情的调查研究，来探讨研究关于我国目前生活垃圾分类的法律机制，为关于生活垃圾分类方面的法律机制研究建设提供合理方向，有利于将完善后的法律法规更有针对性的解决生活垃圾治理问题，实践生态环境多元共治的新模式，推动发展共建、共治、共享的社会治理新格局。

1. 通过国家统一立法，加强城市生活垃圾分类的顶层设计

目前我国现行的垃圾分类管理模式中采用政府主导城市管理的模式，在政府主导下积极鼓励公众参与到生活垃圾分类工作中来。就我国目前城市生活垃圾的立法现状而言，立足于我国生态环境的基本国情，根据我国城市生活垃圾管理的实际需要，加强城市生活垃圾分类的顶层设计，通过专门立法来明确和规定城市生活垃圾分类的概念、理念、原则和制度等。目前垃圾分类的重点城市已经陆续出台相关条例或办法，这表明我国具备一定的垃圾分类推行的法治基础，但是由于不同地区不同城市之间规定的不同，从而影响到生活垃圾分类的效果并造成生活垃圾分类标准等规范要求的不一致，这就需要国家来进行统一立法。因此，要有效推进生活垃圾分类的长期治理和发展，真正实现绿色文明国家的共建，应制定出台城市生活垃圾分类的专项立法，通过立法来明确生活垃圾分类的相关制度，结合现有的立法经验，加快生活垃圾分类管理法的制定出台，实现生活垃圾治理体系化、法治化、模式化。

2. 建立健全生活垃圾分类相关制度，推动形成生活垃圾分类模式

面对我国目前生活垃圾分类的形势，在各重点城市如火如荼地开展生活垃圾分类的态势下，我国应坚持绿色发展的理念，以垃圾回收为目标，加快对生活垃圾分类制度的建立，形成生活垃圾分类运行的机制和模式。

厘定垃圾分类标准。从调查分析中可以看到垃圾分类标准的不统一在一定程度上也影响着居民实行垃圾分类的能力和效率，而不同的分类标准导致分类结果的不同，也不利于我国各城市间的互联互通，影响城市区域化的发展。确定生活垃圾分类的统一标准，一方面要考虑垃圾分类的目标，即要始终以绿色发展为核心理念，另一方面要考虑垃圾分类居民的接受度，即什么样的标准更有利于居民进行辨别分类。生活垃圾分类标准的统一化，是正确、有效开展垃圾分类工作的前提。它的确立不仅有利于垃圾分类标准共识的形成，更有利于生活垃圾分类的体系化、模式化发展。因此我国应在专门法中确定生活垃圾分类的统一标准，同时结合各地区客观条件，在统一标准下赋予一定的再精细化分类裁量权，促进分类细致化发展。在目前国内城市呈现区域化一体化发展的态势下，生活垃圾分类标准的统一既顺应了城市经济趋势，又进一步加强了城市间联系协作，推动其区域化的深入发展。以长沙市为例，长株潭一体化深入发展，长沙市作为垃圾分类重点城市，需要发挥其带头模范作用，建立统一的分类标准更有利于三市的统筹协作，形成长株潭城市群内的生活垃圾分类模式，以经验城市带动其他城市，从而实现湖南省生活垃圾治理体系化、模式化。

建构生活垃圾分类主体制度。建构生活垃圾分类主体制度，确立生活垃圾分类的参与对象，确定垃圾分类各主体的职责和义务，从而实现生活垃圾分类法律责任承担的明确化。在目前城市生活垃圾分类管理的实践中，虽在一些条例或办法中规定了生活垃圾分类的治理者、参与者，但针对怎么承担责任、如何承担责任并未有明确规定，仅以个别条文的形式存在于条例或办法中。针对生活垃圾分类主体制度的构建，我们可以借鉴国外建设的经验，结合国内发展的实情，从三个方面出发：（一）明确垃圾分类的管理主体；（二）明晰参与主体为居民；（三）设置特殊主体，要求企业对生产产生的垃圾承担责任，以及发挥非政府组织的作用，明确其责任范围，使其对居民践行生活垃圾分类形成强有力的内在约束。而规定特殊主体，在政府引导下发挥市场作用来加强生活垃圾分类治理是国外目前绝大部分国家都具有的特点，如德国的生产者责任延伸制度、日本的沼津模式等。

明晰生活垃圾分类奖惩制度。要真正实现生活垃圾分类常态化发展，明晰生活垃圾分类奖惩制度则是推动生活垃圾分类体系化、模式化的关键举措。生活垃圾分类奖惩制度主要包括两方面：一是奖励制度，对具有突出成就的生活垃圾分类参与主体进行嘉奖，由治理者对生活垃圾分类参与主体是否符合嘉奖条件进行核实；二是惩罚制度，对生活垃圾分类的违反者进行法律上的惩处，以明确生活垃圾分类违反者的责任。

五、本组成员在社会调查过程中的收获和体会

邓凌云：在目前长沙市市民的生活中，能有意识主动地进行生活垃圾分类的市民并不多，市民的垃圾分类意识不强，自觉性不高，缺乏主体责任感。

肖甜甜：目前长沙市虽已有相关规定，但尚未全面具体落实至市民主体身上，而按照分类标准细化生活垃圾分类也有可能会给市民日常生活带来不便，比如垃圾分类实施中出现的错运混运现象、垃圾投放时间不在空闲时间内、垃圾桶数量不合理等，造成市民的生活垃圾无法及时有效分类处理。

黄维：通过本次调查表明目前长沙市虽已有关于生活垃圾分类的规定和宣传，但是市民无论在意识上还是行动上都对此不够重视，垃圾分类意识不强，垃圾分类能力低。

欧阳婉婷：生活垃圾分类效果不好的主要原因有：居民自身环保意识淡薄、对垃圾分类知识知之甚少、配套设施不够完善、宣传力度不够、职能部门规划不力、居民法律意识欠缺等。在市民的反馈中，其中环保意识不强、对垃圾分类知识知之甚少、配套设施不够完善被认为是生活垃圾分类中的主要问题。

谢吟：我认为有关部门应该要对人们加大垃圾分类的宣传工作，让人们早一点认识到垃圾分类的重要性。

孙傲寒：我认为垃圾分类绝不仅仅是一个人的事，也不仅仅事政府的事，是我们所有人的事，总之，垃圾分类，功在当代，利在千秋。

指导老师意见

学习小组充分发挥所学专业优势，围绕长沙市内生活垃圾分类现状开展

问卷调查和实地调研，在把握长沙市市内生活垃圾分类发展实情，研究垃圾分类法律法规、政策条例的基础上，深入剖析现有立法背后的机制和缺陷，创造性地提出生活垃圾分类的法律机制和生态环境多元共治的新模式。该调查报告以建议书形式提交至湖南省人民政府信访办，产生了良好的社会效应。

侯旭平

新时代青年大学生环保意识现状调查

<table>
<tr><td colspan="2">学院</td><td>土木工程学院</td><td>班级</td><td>2018 级土木 3 班</td><td>组长</td><td>沈国栋</td></tr>
<tr><td rowspan="5">小组主要成员</td><td>序号</td><td>姓名</td><td colspan="4">小组分工</td></tr>
<tr><td>1</td><td>沈国栋</td><td colspan="4">问卷设计</td></tr>
<tr><td>2</td><td>赵品权</td><td colspan="4">线下访谈</td></tr>
<tr><td>3</td><td>陶铸</td><td colspan="4">数据分析</td></tr>
<tr><td>4</td><td>娄伦波</td><td colspan="4">问卷发放</td></tr>
</table>

一、调查目的和意义

（一）调查目的

在环境问题日益严峻的今天，“环保”已成为一个全球热点问题。为了美好的未来，我们必须选择可持续发展的道路，建立人与自然和谐相处的“绿色文明”。大学生是未来社会的主人，是社会行动力的主体，他们对环境的认识将决定未来社会发展的趋向。因此，培养大学生正确的环境意识和环境保护行动意识，是环保教育的首要任务。通过本次调查，一方面，希望了解大学生的环保意识和对常识性环保知识的储备，了解校园宣传环境保护的力度；另一方面，根据调查所获得的信息数据，以此为依据提出提高大学生环保意识的建议，制定出有效的可行方案。

（二）调查意义

节约资源和保护环境是我国的一项基本国策，是解决全国突出的环境问题，促进经济、社会与环境协调发展和实施可持续发展战略。守护我们共同的家园，正确处理好人与自然的关系，努力建设美丽中国，实现中华民族永续发展是我们所有人的责任。通过本次调查活动，全面掌握大学生对于长沙市环境污染的认知情况，有助于我们了解年轻人对于环境保护的重视程度，同时对存在的问题提出合理的建议，能更好地保护长沙市环境，促进长沙市经济持续健康发展。

二、调查方法及具体实施步骤

（一）调查方法

本次调查采用的抽样调查，是非全面调查中的一种重要方法。我们从长沙市所有大学生中抽取一部分学生进行调查，获取数据，以此对总体的情况做出推断。本次调查采用了发放网上问卷的方式，首先设计好调查问卷，然后通过网络链接的方式发送给本校大学生以及长沙其他高校大学生，邀请他们填写调查问卷。我们将调查数据进行统计，再结合相关资料进行整理、分析，最后形成调研报告。

（二）具体实施步骤：

1. 制作调查问卷。

2. 发放问卷。

3. 深度访谈部分同学及校友。

4. 汇总、整理、分析调查资料。

5. 撰写调查报告。

三、调查问卷内容与数据

（一）调查问卷

1. 您的性别（　　）[单选题]

A. 男　　B. 女

2. 您的年级是（　　）[单选题]

A. 本科一年级　　B. 本科二年级　　C. 本科三年级　　D. 本科四年级

3. （空气污染部分）您对长沙市的空气质量现状的满意程度评分是（满分为 100 分）（　　）[填空题]

4. 您认为造成长沙市空气污染的主要因素是（　　）[多选题]

A. 自然地理因素　B. 汽车尾气影响　C. 工业废气排放

D. 燃煤使用和烟花燃放　　E. 其他原因

5. 您认为下列物质中，会导致空气污染的有（　　）［多选题］

A. 二氧化碳　B. PM10　C. PM2.5　D. 氮氧化物

E. 一氧化碳　F. 光化学烟雾　G. 其他

6. 您认为以下哪些方式可以防治空气污染（　　）［多选题］

A. 尽量乘坐交通工具　B. 开发代替能源　C. 节约能源

D. 及时焚烧垃圾以免污染土地　E. 使用沼气池　F. 其他

7. 长沙市的空气污染对您的生活影响程度评分是（满分为 100 分）（　　）［填空题］

8. 您对国家关于防治空气污染政策的了解程度评分是（满分为 100 分）（　　）［填空题］

9. （水污染部分）您认为长沙市水资源（河流）污染程度评分是（满分为 100 分）（　　）［填空题］

10. 您认为造成水污染的最主要的原因是（　　）［单选题］

A. 工业污染　B. 生活中的废水、垃圾　C. 化肥使用（农业污染）

D. 其他

11. 如果符合饮用水标准的再生水进入家庭，您认为（　　）［单选题］

A. 完全可以接受　B. 有顾虑　C. 不能接受

12. 为了保护环境，防治水污染，宁可放慢经济发展速度，您认为（　　）［单选题］

A. 完全不赞同　B. 不太赞同　C. 非常赞同

13. 您认为水资源避免被污染最好的办法是否为使用法律手段（　　）［单选题］

A. 是　B. 否

14. 您觉得长沙市政府对于水污染的重视程度评分是（满分为 100 分）（　　）［填空题］

15. 您认为改良水质与哪些部门有关（　　）［单选题］

A. 企业　B. 水务部门　C. 林业部门

D. 水土保持部门　E. 监管部门　F. 其他

16.（固废垃圾部分）您认为周围的生活垃圾数量评分是（满分为 100 分）（　　）[填空题]

17. 您对可回收垃圾和不可回收垃圾的了解程度评分是（满分为 100 分）（　　）[填空题]

18. 如果您家附近的垃圾箱按功能分类，您是否愿意将自家垃圾分类投入垃圾箱（　　）[单选题]

A. 愿意　　B. 看心情　　C. 费事不愿意

19. 您认为可能影响您没有将垃圾分类的原因有（　　）[多选题]

A. 时间匆忙　　B. 不知如何分类　　C. 没有分类的垃圾桶

D. 其他人没有分类　　E. 分不分类影响不大　　F. 与自身利益无关

G. 其他

20. 您是否接受过有关垃圾分类的教育或宣传（　　）[单选题]

A. 有，经常在课本、电视、杂志上看到　　B. 一点点，偶尔在广告上看到

C. 从来没有，不了解

21. 您认为宣传保护环境最有效的途径是（　　）[多选题]

A. 电视广告　　B. 书本宣传　　C. 政府的号召和规定

D. 网络媒体的宣传　　E. 其他

22. 您认为垃圾分类还存在的问题有（　　）[多选题]

A. 宣传力度不够　　B. 公众环保意识不强　　C. 我国垃圾处理技术落后

D. 政府没有明确的规则制度　　E. 基础设施不完善

F. 公众对垃圾分类的方式还不了解　　G. 其他

23. 您认为治理污染最主要的因素是（　　）[多选题]

A. 政府大力对企业排废的管理力度　　B. 治理污染的科学技术进步

C. 制定相关的法律法规　　D. 促使企业家提高认识，自觉承担责任

24. 除了空气污染、水污染、固废污染，您还了解的环境问题有（　　）[多选题]

A. 植被破坏　　B. 噪声污染　　C. 土壤污染　　D. 辐射污染

E. 海洋污染　　F. 大气污染　　G. 其他

（二）调查数据

参与本次调查的有效人数是 88 人，问卷共设计 24 个问题，具体情况如下：

根据问卷所示，其中男性 41 人，占比 46.59%，女性 47 人，占比 53.41%。本科一年级学生 13 人，占比 14.77%，本科二年级学生 69 人，占比 78.41%，本科三年级学生和本科四年级学生各 3 人，分别各占比 3.41%。给长沙空气质量现状的打分在 0—20 分区间的有 4 人，在 21—40 分区间的有 21 人，41—60 分区间的有 29 人，61—80 分区间的有 22 人，81—100 分区间的有 12 人。关于造成长沙市空气污染主要因素，43 人次认为是自然地理因素，占比 48.86%；82 人次认为是汽车尾气影响，占比 93.18%；70 人次认为工业废气排放，占比 79.55%；分别有 43 人次认为是燃煤使用和烟花燃放因素，各占比 48.86%，另有 12 人次选择其他原因，占比 13.64%。关于导致空气污染的因素，47 人次选择二氧化碳，占比 53.41%；44 人次选择 PM10，占比 50%；76 人次选择 PM2.5，占比 86.36%；48 人次选择氮氧化物，占比 54.55%；59 人次认为是一氧化碳，占比 67.05%；61 人次认为是光化学烟雾，占比 69.32%，另有 11 人次选择了其他，占比 12.5%。关于防治空气污染，70 人次选择尽量乘坐交通工具，占比 79.55%；73 人次选择开发代替能源，占比 82.95%；76 人次选择节约能源，占比 86.36%；33 人次选择及时焚烧垃圾以免污染土地，占比 37.5%；57 人次选择使用沼气池，占比 64.77%，另有 11 人次选择了其他，占比 12.5%。关于长沙市的空气污染对生活的影响程度评分，分数在 0—20 分区间的有 8 人，21—40 分区间的有 20 人，41—60 分区间的有 31 人，61—80 分区间的有 15 人，81—100 分区间的有 14 人。对国家关于防治空气污染政策的了解程度评分，分数在 0—20 分区间的有 7 人，在 21—40 分区间的有 23 人，41—60 分区间的有 36 人，61—80 分区间的有 14 人，81—100 分区间的有 8 人。关于长沙市水资源（河流）的污染程度评分，分数在 0—20 分区间的有 3 人，在 21—40 分区间的有 19 人，41—60 分区间的有 34 人，61—80 分区间的有 21 人，81—100 分区间的有 11 人。关于造成水污染的主要原因，36 人选择工业污染，占比 40.91%；39 人选择生活中的废水、垃圾，占比 44.32%；12 人选择化肥使用（农业污染），占比 13.64%；另有 1 人选择了其他，占比 1.14%。关于符合饮用水标准的再生水进入家庭，24 人选择完全可以接受，占比 27.27%；61 人选择有顾虑，占比 69.32%；3 人选择不能接受，占比 3.41%。为了保护环境，防治水污染，而放慢经济发展速度，9 人选择完全不赞同，占比 10.23%；43 人选择不太赞同，占比 48.86%；36 人选择非常赞同，占比 40.91%。关于水资源避免被污染最好的办法是否为使用法律手段，60 人选择是，占比 68.18%；28 人选择否，占比 31.82%。关于长沙市政府对于水污染的重视程度评分，分数在 0—20 分区间的有 7 人，在 21—40 分区间的有 18 人，41—60 分区间的有 34 人，61—80 分区间的有 25 人，81—100 分区间的有 4 人。关于与改良水质有关的部门，16 人选择企业，占比 18.18%；20 人选择水务部门，占比 22.73%；7 人选择林业部门，占比 7.95%；19 人选择水土保持部门，占比 21.59%；23 人选择监管部门，占比 26.14%；3 人选择其他部门，占比 3.41%。关于周围的生活垃圾数量评分，分数在 0—20 分区间的有 8 人，在 21—40 分区间的有 22 人，41—60 分区间的有 35 人，61—80 分区间的有 20 人，81—100 分区间的有 3 人。对可回收垃圾和不可回收垃圾的了解程度评分，分数在 0—20 分区间的有 7 人，在 21—40 分区间的有 16 人，41—60 分区间的有 36 人，61—80 分区间的有 20 人，81—100 分区间的有 9 人。关于是否愿意将自家垃圾分类投入垃圾箱，73 人选择愿意，占比 82.95%；12 人选择看心情，占比 13.64%；3 人选择费事不愿意，占比 3.41%。关于没有将垃圾分类的原因，53 人次选择时间匆忙，占比 60.23%；62 人次选择不知如何分类，占比 70.45%；65 人次选择没有分类的垃圾桶，占比 73.86%；42 人次选择其他人没有分类，占比 47.73%；25 人次分不分类影响不大，占比 28.41；19 人次认为与自身利益无关，占比 21.59%，另有 3 人次选择了其他，占比 3.41%。关于是否接受过有关垃圾分类的教育或宣传，37 人选择“有，经常在课本、电视、杂志上看到”，占比 42.05%；48 人选择“一点点，偶尔在广告上看到”，占比 54.55%；3 人选择“从来没有，不了解”，占比 3.41%。关于宣传保护环境最有效的途径，59 人次选择“电视广告”，占比 67.05%；46 人次选择

“书本宣传”，占比 52.27%；63 人次选择“政府的号召和规定”，占比 71.59%；67 人次选择“网络媒体的宣传”，占比 76.14%；5 人次选择“其他”途径，占比 5.68%。关于垃圾分类还存在的问题，72 人次选择“宣传力度不够”，占比 81.82%；71 人次选择“公众环保意识不强”，占比 80.68%；59 人次选择“我国垃圾处理技术落后”，占比 67.05%；61 人次选择“政府没有明确的规则制度”，占比 69.32%；61 人次选择“基础设施不完善”，占比 69.32%；55 人次选择“公众对垃圾分类的方式还不了解”，占比 62.5%；5 人次选择“其他”问题，占比 5.68%。关于治理污染最主要的因素，69 人次选择“政府大力对企业排废的管理力度”，占比 78.41%；69 人次选择“治理污染的科学技术进步”，占比 78.41%；63 人次选择“制定相关的法律法规”，占比 71.59%；53 人次选择“促使企业家提高认识，自觉承担责任”，占比 60.23%。除了空气污染、水污染、固废污染，对于其他环境问题的了解，57 人次选择“植被破坏”，占比 64.77%；71 人次选择“噪声污染”，占比 80.68%；64 人次选择“土壤污染”，占比 72.73%；51 人次选择“辐射污染”，占比 57.95%；56 人次选择“海洋污染”，占比 63.64%；63 人次选择“大气污染”，占比 71.59%；4 人次选择“其他”，占比 4.55%。

（三）数据分析

对于造成长沙空气污染的原因，48.86% 的人次认为是自然地理因素，93.18% 认为是汽车尾气影响，79.55% 认为是工业废气排放，48.86% 认为是烧煤使用和烟花燃烧所致。从数据中可以看出大学生对于本市空气污染原因十分了解。长沙市属于有色金属工业区，酸雨较为严重，地理自然因素中由于长沙本身就多雨，会加重酸雨的破坏，同时还有机动车排放的大量尾气。

在导致空气污染的物质中，53.41% 选择二氧化碳，50% 选择 PM10，86.36% 选择 PM2.5，54.55% 选择氮氧化物，67.05% 选择一氧化碳，69.32% 选择光化学烟雾。PM2.5 被认为是雾霾天气的“元凶”，它能够影响成云和降雨的时间，增加凝结核的数量，极端情况下可能会发生暴雨。这种物质也会极大影响人的身体健康，对肺部造成损伤。由此看出大学生对于造成空气污染的物质还是有一定的了解。

在造成水污染的原因中，13. 64%认为是化肥的使用，44. 32%认为是生活废水、垃圾的影响，40. 91%认为是工业污染。在水污染中，毋庸置疑是工业污染最为严重。无论是工业废水的排放，还是酸雨都是引起水质问题的根本因素。由此可以看出，大学生对于水污染最主要原因的认识有一点偏差。

关于水资源避免被污染最好的办法是否为使用法律手段，68. 18%赞同，31. 82%反对。大学生认为要避免水污染更偏向于采用法律手段。

在与改良水质有关的部门中，18. 18%选择企业，22. 73%选择水务部门，7. 95%选择林业部门，21. 59%选择水土保持部门，26. 14%选择监管部门。从这组数据来看，大学生认为监管部门和企业责任较大。

在没有将垃圾分类的原因中，60. 23%选择时间匆忙，70. 45%选择不知道如何分类，73. 86%选择没有分类垃圾桶，47. 73%选择其他人也没有分类，28. 41%选择分不分类影响不大，21. 59%认为与自身利益不大。这组数据我们可以直观得出大学生的两种情况，一种是想进行垃圾分类，但缺少专业的知识和具体设备；另一种则是在思想上没有重视，这就要求大学生自身加强环保教育，培养环保意识，努力学习环保知识。

关于是否接受过垃圾分类的教育或宣传，54. 55%选择“一点点，偶尔在广告上看到”，52. 05%选择“有，经常在课本、电视、杂志上看到”，3. 41%选择“从来没有，不了解”。从这里看出我们大学生还是有相当一部分缺少这方面的知识，需要学校加强这方面的宣传和教育。

关于宣传保护环境最有效的途径，67. 05%认为是电视广告，52. 27%认为是书本宣传，71. 59%认为是政府的号召和规定，76. 14%认为是网络媒体的宣传。这说明互联网技术的发展对宣传保护环境有较大的影响。

四、调查结论与建议

（一）调查结论

长沙市大学生对于环境污染情况认识较为清晰，他们对于空气污染方面的了解比较多，除了对水污染原因有点偏差，在如何改良水质、减少水污染等方面有基本的认知。同时大部分学生虽然关注环保、重视环保，但是掌握的环保知识不太全面。目前仍存在环保知识不够普及，环保信息不畅通，学校、政府在宣传环保方面存在宣传力度不够的问题。多数大学生认为国家还要继续加大环保的宣传力度，在网络上宣传环保是一条更为有效手段。此外，还有少数大学生认为政府机构组织的环保宣传形式大于内容。由此可见，政府在宣传方面应当做到内容和形式新颖，吸引群众的关注。

（二）调查建议

1. 大学生要积极了解与环境问题相关的知识，多关注与之相关的新闻事件，提高环保意识。大学生应该树立正确的环保意识，明确环保应从身边小事做起，担起社会主人公责任，要在日常生活中培养好生活习惯，不乱丢垃圾，做到垃圾分类，不浪费水资源等。同时，积极参与环保的社会实践，以自己的力量感染到更多人，例如组织去浏阳河捡垃圾、去社区宣传环保知识、组织种树活动等。

2. 学校要大力支持，高度重视，做好宣传教育活动。各高校要通过增加关于环保的选修课程等手段来拓展大学生的环保知识，为提高大学生环保意识打下坚实基础。学校要多开展环保宣传活动，到环保最需要的地方去，同时要营造人人参与环保的良好氛围，通过学生会、团委以及社团多举办与环保相关的宣传活动，例如举办环保知识竞赛、21 天环保习惯养成活动、环保讲座等，在浓厚的校园环保氛围中，使更多的人加入环保的行动中来。

3. 国家政府要加大环保的宣传力度。政府扮演的角色不仅仅是一位管理者，还是一位服务者，因而政府要加强对环境的保护和宣传工作，使得大学生能深刻感受到政府对环境的重视，从而为环境保护起到鼓舞带头作用。

五、本组成员在社会调查过程中的收获和体会

赵品权：通过本次社会调查活动，我认识到作为新时代的大学生，不仅要学好书本的理论，更重要的是能把书本上的理论转化为实际行动，动脑的同时也要会动手，走出校门，深入实际，加强对国情、民情的了解。这次的社会实践调查活动强化了我独立思考和解决问题的能力，我也发现自己还有许多不足的地方，因此我会在以后的学习中更加努力，朝着自己的目标不断

奋进。

沈国栋：第一次当小组组长，许多方面还有不足。这次的社会调查贴近生活，使我认真地去观察了浏阳河的水质及垃圾污染情况，这也让我认识到水资源之宝贵，我们每一个人都应该珍惜。

陶铸：通过这次的调查，我学习到了很多有关环保方面的内容，充分学习了十八大以来党和国家的环保政策。我们要努力学习相关知识，更要提高自己的环保意识，绿水青山就是金山银山，我们需要更好的环境为子孙后代留下一片净土。

娄伦波：作为未来接班人的青年，如果不了解环境问题的严重性，无视有关环境保护的法律法规，不去增强环境保护意识，我们的国家将无法实现可持续发展。因此，环境保护，人人有责。作为新时代的大学生更应该引领社会风尚，做保护环境的宣传者和践行者。

指导老师意见

学习小组围绕新时代青年大学生环保意识现状展开调查研究，通过问卷调查，全面把握大学生环保知识掌握情况及校园环境保护的宣传力度，并从大学生、学校和国家政府等层面提出合理的对策建议。

刘格华　陆启越

新时代大学生绿色生活观现状调查研究

<table>
<tr><td colspan="2">学院</td><td>影视艺术与
文化传播学院</td><td>班级</td><td>2019 级编导 3 班</td><td>组长</td><td>马淑雨</td></tr>
<tr><td rowspan="5">小组主要成员</td><td>序号</td><td>姓名</td><td colspan="4">小组分工</td></tr>
<tr><td>1</td><td>马淑雨</td><td colspan="4">总体设计</td></tr>
<tr><td>2</td><td>汤思雅</td><td colspan="4">实地调查</td></tr>
<tr><td>3</td><td>程丽</td><td colspan="4">PPT 制作</td></tr>
<tr><td>4</td><td>李韦西</td><td colspan="4">撰写报告</td></tr>
</table>

一、调查目的和意义

（一）调查目的

本次社会调查活动主要以长沙学院学生为调研对象，旨在全面、准确了解长沙学院大学生绿色生活观的现状及其影响因素，为学校进一步帮助大学生树立科学的绿色生活观提供依据，推动各部门形成教育合力，发挥协同培养优势，持续增强大学生对绿色生活方式的认同感，充分发挥大学生在推动中国特色社会主义生态文明建设中的生力军作用等。

（二）调查意义

随着社会经济的飞速发展，环境正面临着诸多挑战，环保已成为各国发展的战略性任务，赢得环保就能赢得未来的长远发展。保护环境，倡导绿色生活方式，减轻环境污染，遏制生态恶化既是国家意识，更是每个公民应有的责任。高校大学生作为引领社会生活方式转变和养成绿色生活方式的主力军，更有责任和义务去守护我们共同的家园。通过本次调查，一方面有助于深入了解当代大学生对绿色生活方式的认同状况、了解程度及其原因，从而为高校有效开展生态教育提供合理化建议；另一方面，有助于在大学生群体中传播绿色生活观念、普及绿色生活知识、养成绿色生活方式，为确保中华民族永续发展贡献力量。

二、调查方法及具体实施步骤

（一）调查方法

以“大学生绿色生活观的现状调查与分析”为主题，以长沙学院学生为调研对象，采取线上问卷调查和线下个别访谈相结合的方式进行。

（二）具体实施步骤

1. 明确调查的目的：了解大学生绿色生活观的现状。

2. 依据调查的目的，设计调查问卷。在了解本次调查主题的目的和内容之后，本小组进行了认真的讨论，同时利用网络、书籍等进一步了解相关专题的内容，并向学校研究相关主题的教师请教、咨询，将调查内容变成具体化、条理化的问题，形成初步问卷。

3. 结合调查对象的生活习惯等内容，围绕主题“大学生绿色生活观”，科学设计合理的调查问卷，题型为封闭式问题，为调查者提供可选择的答案。

4. 发放问卷：以长沙学院在校学生为发放对象，通过线上问卷调查和线下个别访谈相结合的形式进行调查，收集相关信息。

5. 收集、分析调查结果：利用统计软件汇总功能导出调查结果，再对调查结果进行多维度分析，深入了解并掌握大学生绿色生活观的现状。

6. 得出调查结论：依据现状分析，得出大学生绿色生活观现状的调查结论。

7. 提出调查建议：依据具体调查结论，提出针对性的改进意见。

三、调查内容（调查过程中获得的材料及数据）

本次调查采用了线上问卷调查法，调查对象为长沙学院的学生，对长沙学院的学生进行了抽样问卷调查，回收问卷550份，力求用更多的抽样数据反映大学生对绿色生活方式观的现状。此次回收问卷有效率100%。其中女生占49. 33%，男生占50. 67%，一年级学生占25. 33%，二年级学生占58. 67%，三年级学生13. 33%，四年级学生占2. 67%。

四、调查结论与建议

（一）调查结论

通过调查，我们发现，整体而言，当代大学生都对绿色的生活方式有所了解，超过半数的同学认为节水节电、多乘坐公共交通工具、闲置物品的回收利用、多吃绿色健康的食物都属于绿色生活；同时绝大多数同学都认为绿色生活对我们每个人都有意义，应该养成绿色的生活方式，这表明当代大学生普遍具有绿色生活观念。但是，调查结论也显示，目前仍然存在许多尚待改进的方面：

1. 大学生缺乏绿色生活方式的观念。在回答“大学生的主要日常出行方式”时，大部分同学选择了“公共交通工具”，超过半数同学选择了“步行”和“共享单车”。同时，根据“日常出行中选择交通工具最优先考虑的因素”调查发现，超过半数同学选择“方便”这个选项。由此可见，大学生选择公共交通是站在方便出行的角度，绿色生活观未能深入学生心中并引领其绿色行动。

2. 大学生缺乏绿色生活方式的知识。当询问从“哪些途径获得关于绿色生活方式的知识”时，绝大部分同学认为“对绿色生活不够了解”。这表明大学生对绿色生活的知识相对缺乏，一定程度上反映出社会和学校对绿色生活方式的普及及其宣传教育还有待加强。

3. 大学生尚未养成绿色生活的习惯。在回答“离开房间后，是否会随手关水关电”时，有绝大多数同学选择“习惯性会”。俗话说“习惯成自然”，大学生要践行绿色生活方式，取决于其自身是否养成了相应的习惯。而在回答“是否会经常进行垃圾分类”时，超过半数同学选择“偶尔”，这表明大学生并未自主、自觉地养成绿色生活方式的习惯。

4. “缺乏责任感”是影响大学生养成绿色生活方式的重要因素。在调查“影响大学生养成绿色生活方式的主要因素”时，绝大多数大学生认为缺乏责任感是其绿色生活方式养成的重要制约因素。这就表明，学校和社会对于大学生开展环保工作的重要价值与功能未做更深入地说明。

（二）调查建议

依据调查结论，影响大学生绿色生活方式的因素是多方面的，因此，我们认为要改善当代大学生绿色生活方式问题，必须要从多方面着手，具体建议如下：

一要健全相关的法律法规。将生态文明建设提到法律的高度，充分发挥法律的规范作用和约束作用，为生态文明建设提供强有力的保障。如开展绿色信贷，对积极采用先进节能技术、有利于绿色消费的项目，给予专项资金补助、税收减免；推动绿色回收体系建设，健全废旧机动车、废旧电子产品等废旧商品的回收处置体系；进一步完善政策支持新能源汽车发展，支持城市发展公共交通和自行车租赁系统等。

二是完善保障措施。加强对市场的监管执法力度，如强化对绿色产品的监测、监督和管理，维护正常市场秩序；严格监管废品回收行业，加强固体废物进口管理，杜绝“洋垃圾”；严厉打击违规露天烧烤等行为。建立宣教联动机制，整合各部门、各单位宣传资源，加大宣传力度，开展持续宣传，提高全民生态文明意识；开展试点示范工作，摸索经验，树立典型，引领示范，以点带面，逐步推广，保障生活方式绿色化工作有序推动。

三是加强大学生的生态知识教育。调查“是否了解关于绿色生活方式的知识”时，绝大部分同学认为“对绿色生活不够了解”。因此，可以通过相关组织加强对大学生生态知识的教育，根据强化学生绿色生活方式开展各种宣传教育活动；发挥校园这个广范围载体的优势，加强校园精神文化建设；通过讲座等形式进行宣传，对师生进行观念强化，从而增强环境保护的意识。

四是以技术创新助推绿色生活方式。一方面鼓励绿色生产，保障绿色产品及服务的供给，引导公民绿色消费；另一方面，加强政策引导，通过生活方式的绿色转变倒逼生产方式的绿色转变，最终形成合力，共同推进。同时，进一步加强高效节能、生态修复等技术研发，加快成熟技术的产业化，以技术创新助推绿色发展方式和生活方式。

五、本组成员在调查过程中的收获和体会

马淑雨：当今世界，价值观多元化、思想文化多元化，使得大学生思想独立、个性突出，但是也存在着一定的虚荣、攀比行为，导致盲目消费、浪费严重、过于注重个人感受等。观念影响行为，大学生只有具备强烈的绿色生活观意识，才能更好地保护环境。通过本次调查，我更深刻地认识到，作为当代大学生，我们应该清楚地认识自身肩负引领绿色生活方式的责任，养成绿色生活习惯，从生活的点滴做起，如自觉养成节约用水用电的习惯，出行多选择乘坐公共交通工具，提倡绿色，消费杜绝浪费现象。

汤思雅：通过调查了解发现，当代大学生未能很好地养成绿色生活方式，我认为养成绿色生活方式其实只要注意“4 个节”：节电、节水、节油、节气。例如，随手关灯、开关、拔插头；少坐电梯，多走楼梯，既省电又健康；尽量少使用一次性牙刷、一次性塑料袋、一次性水杯等。当代大学生应该行动起来，用我们的智慧和双手，积极加入节能低碳的行列之中，将节能低碳的环保意识传播给身边的每一个人。

程丽：通过调查发现，大学生要落实绿色生活方式，不能只停留在表面或嘴上，绿色生活观可以小到个人，也可以大到国家，可以渗透到社会生产生活的各个方面。青年大学生作为社会生活中的先进分子，既要关注自身绿色生活方式的养成，更要引领、促进和帮助身边的人实践绿色生活方式，尤其要敢于对社会生活中违背绿色生活观的行为进行抵制和批评，助力绿色生活的推广。

李韦西：本次调查，于我本人而言，这不仅是一次调查研究，更是一种警示，它提醒我们在日常生活中要关注绿色生活，将绿色生活融入我们生活的方方面面。因此，大学生应该多多注重生活细节，从小事做起，从点滴做起，从自己做起，带动身边人对绿色生活的关注与行动，不断反思和约束提醒自己，对于一些不好的现象也要及时建议和改正，把它当成自己的一份责任。我们也应当在校学好理论知识，将自己的专业知识与绿色发展理念相结合，积极宣传绿色发展理念，倡导群众使用绿色环保物品，以绿色生活方式

来生活，为祖国生态文明的建设做贡献。

指导老师意见

学习小组以长沙学院学生为调研对象，采取线上问卷调查和线下个别访谈相结合的方式，对新时代大学生绿色生活观现状进行了深入调查。针对大学生绿色生活观念、绿色生活方式和绿色生活习惯等方面存在的主要问题，从完善法律法规、加大生态知识教育、推进技术创新等方面提出系统对策，为高校有效开展生态文明教育提供了合理化建议。

刘丽萍

长沙市市民环境保护意识调查研究

<table>
<tr><td>学院</td><td>土木工程学院</td><td>班级</td><td>2018 级土木 3 班</td><td>组长</td><td>邱杨航</td></tr>
<tr><td rowspan="5">小组主要成员</td><td>序号</td><td>姓名</td><td colspan="4">小组分工</td></tr>
<tr><td>1</td><td>邱杨航</td><td colspan="4">问卷设计</td></tr>
<tr><td>2</td><td>许家陆</td><td colspan="4">线下访谈</td></tr>
<tr><td>3</td><td>刘志强</td><td colspan="4">PPT 制作</td></tr>
<tr><td>4</td><td>孙歆晖</td><td colspan="4">撰写报告</td></tr>
</table>

一、调查目的和意义

（一）调查目的

环境问题已经成为全球性问题，与人类的生存和发展息息相关。在我国，日益严重的环境问题威胁着国人的健康、影响着社会的发展，解决环境问题迫在眉睫。环境问题的产生是多个方面的，有资源的不合理利用、经济发展中对环境问题的忽视等多方面的原因。其中最深层次的原因就是公众对环境保护意识的缺失。就长沙地区居民的生态保护意识而言，大部分公众的生态保护意识还亟待加强，尤其是当环境保护与个人利益发生冲突时。因此，有必要通过深入调查，全方位了解长沙当地居民的环保意识，分析影响环境意识的主要因素，从而提出有针对性的建议意见。

（二）调查意义

第一，有助于全方位地了解长沙当地居民的环境保护意识。生态环境保护意识包括人对生态环境的知识、态度、践行等方面。之所以把践行活动纳入调查研究是因为践行是知识、态度的延伸，也是特定的认知与态度的反映。本调查主要有四个指标，即认知度、认同度、践行度、规范度，从而全方位了解长沙当地居民的环境保护意识。

第二，有助于培养长沙地区居民的生态环境保护意识，提高居民生态道德素质。只有提高居民的生态道德素质，才能改变人们的生活态度。居民的生态环境保护意识是社会可持续发展的内在要求。为培养生态环境保护意识，应当以政府为主导，鼓励各种民间组织和社会团体积极参与，动员全社会力量，加强生态环境教育，普及生态环境保护知识，形成良好的生态保护文化氛围。

第三，有助于拓宽长沙地区居民参与环境保护的渠道，形成全社会参与环境保护的良好氛围。目前的生态环境教育大多停留在宣传生态环境知识的层面，居民作为主体直接参与环境保护的活动比较少。长沙地区居民平时主要通过电视、网络等媒体或社区宣传来获取环保知识，对环境保护主要局限于感性认识，缺乏理性认识，并且与实践脱节，难以内化为自觉的活动。

二、调查方法及具体实施步骤

（一）调查方法

对长沙市市区内的民众采取随机抽样调查。

（二）具体实施步骤

1. 小组成员进行讨论确定调查主题。
2. 小组成员分工，搜集与主题有关的资料。
3. 设计调查问卷。
4. 线上发放问卷与线下随机访谈相结合。
5. 回收问卷，对数据进行整理、分析。
6. 撰写调查报告。

三、调查内容（调查过程中获得的材料及数据）

（一）调查问卷

1. 您的年龄是（　　）[单选题]

A. 18 岁以下　　B. 18—35 岁　　C. 36—60 岁　　D. 60 岁以上

2. 您目前受教育程度（　　）[单选题]

A. 小学及以下　　B. 初中　　C. 高中及中专

D. 大专　　E. 本科及以上

3. 您认为目前当地环境质量总体状况（　　）[单选题]

A. 良好　　B. 一般　　C. 较差

4. 您认为目前当地最突出的环境问题是（　　）[单选题]

A. 水污染　　B. 大气污染　　C. 固体废物污染　　D. 植被破坏

5. 您认为环境污染现象是由下列哪些原因造成的（　　）[单选题]

A. 人为破坏　B. 工业过度开发　　C. 意识的行为　D. 其他

6. 如果有人在公众场合乱扔垃圾，您会（　　）[单选题]

A. 上前制止并指责，提醒他不要乱扔　　B. 不去理会，但蔑视他

C. 假装没看见　　D. 和我没关系，不去理会

7. 去商场时您的购物袋是（　　）[单选题]

A. 环保袋　　B. 以前购物的塑料袋　C. 商场买的塑料袋

8. 您处理生活垃圾是（　　）[单选题]

A. 分类处理　　B. 能卖则卖　　C. 直接扔垃圾桶　　D. 随手乱扔

9. 减少白色污染我们应该做到（　　）[多选题]

A. 尽量不用、少用难降解的塑料包装袋　　B. 不乱扔塑料垃圾

C. 尽量少使用塑料制品　　D. 坚决不使用塑料制品

10. 在出行时，您一般选择的交通工具是（　　）[单选题]

A. 乘坐舒适的交通工具　　B. 使用私家车

C. 步行　　D. 乘坐公共交通工具

11. 请问您有采取措施来减少居住地的这些污染吗（　　）[多选题]

A. 有，呼吁人们保护环境　　B. 有，不随意乱扔垃圾

C. 有，保护野生动植物　　D. 没有

12. 为保持环境状况良好，您觉得可以从哪方面着手（　　）[多选题]

A. 从严抓起做好监督工作　　B. 提高个人环保意识

C. 安装环保设备，做好垃圾分类D. 提倡使用环保包装的物品

13. 人们会采用不同的方式来支持环保，您采用过以下哪些方式（　　）[多选题]

A. 购买有绿色环保标识的产品　B. 避免使用一次性餐具
C. 进行垃圾分类　D. 尽量采用公共交通工具出行
E. 节水节电　F. 对于可循环利用的物品进行废物利用

14. 您认为目前环境对您的生活影响程度是（　　）［单选题］
A. 严重影响　B. 比较影响　C. 无影响　D. 无所谓

15. 您对关注环保方面信息的态度是（　　）［单选题］
A. 积极主动　B. 有时间就会关注　C. 偶尔关注　D. 无所谓

16. 您认为环境保护的意义是（　　）［多选题］
A. 人类能更持久地利用自然资源　B. 人类与自然界和谐相处
C. 人类平等尊重所有的生命形态　D. 人改善自身生存环境

（二）调查数据

参与本次调查问卷共 101 人次，具体情况如下：

根据问卷所示，其中 2 人在“18 岁以下”，占比 1.98%；89 人在“18—35 岁”，占比 88.12%；10 人在“36—60 岁”，占比 9.9%。关于受教育程度，5 人选择“初中”，占比 4.95%；13 人选择“高中及中专”，占比 12.87%；11 人选择“大专”，占比 10.89%；72 人选择“本科及以上”，占比 71.29%。关于当地环境质量总体状况，38 人选择“良好”，占比 37.62%；58 人选择“一般”，占比 57.43%；5 人选择“较差”，占比 4.95%。关于目前当地最突出的环境问题，15 人选择“水污染”，占比 14.85%；48 人选择“大气污染”，占比 47.52%；26 人选择“固体废物污染”，占比 25.74%；12 人选择“植被破坏”，占比 11.88%。关于造成环境污染现象的原因，44 人选择“人为破坏”，占比 43.56%；35 人选择“工业过度开发”，占比 34.65%；17 人选择“意识的行为”，占比 16.83%；5 人选择“其他”，占比 4.95%。如果有人在公众场合扔垃圾，34 人选择“上前制止并指责，提醒他不要乱扔”，占比 33.66%；50 人选择“不去理会，但蔑视他”，占比 49.5%；6 人选择“假装没看见”，占比 5.94%；11 人选择“和我没关系，不去理会”，占比 10.89%。关于去商场时使用的购物袋，38 人选择“环保袋”，占比 37.62%；37 人选择“以前购物的塑料袋”，占比 36.63%；26 人选择“商场买的塑料袋”，占比 25.74%。关于处理生活垃圾，16 人选择“分类处理”，占比 15.84%；18 人选择“能卖则卖”，占比 17.82%；67 人选择“直接扔垃圾桶”，占比 66.34%；无人选择“随手乱扔”。关于如何减少白色污染，87 人次选择“尽量不用、少用难降解的塑料包装袋”，占比 86.41%；81 人次选择“不乱扔塑料垃圾”，占比 80.20%；79 人次选择“尽量少使用塑料制品”，占比 78.22%；66 人次选择“坚决不使用塑料制品”，占比 65.35%。关于出行，9 人选择“乘坐舒适的交通工具”，占比 8.91%；19 人选择“使用私家车”，占比 18.81%；24 人选择“步行”，占比 23.76%；49 人选择“乘坐公共交通工具”，占比 48.51%。关于是否有采取措施来减少居住地的污染，82 人次选择“有，呼吁人们保护环境”，占比 81.19%，89 人次选择“有，不随意乱扔垃圾”，占比 88.12%；63 人次选择“有，保护野生动植物”，占比 62.38%；3 人次选择“没有”，占比 2.97%。关于如何保持环境状况良好，87 人次选择“从严抓起做好监督工作”，占比 86.14%，65 人次选择“提高个人环保意识”，占比 64.36%；68 人次选择“安装环保设备，做好垃圾分类”，占比 67.33%；89 人次选择“提倡使用环保包装的物品”，占比 88.12%。关于采用不同的方式支持环保，74 人次选择“购买有绿色环保标识的产品”，占比 73.27%，81 人次选择“避免使用一次性餐具”，占比 80.20%；46 人次选择“进行垃圾分类”，占比 45.54%；89 人次选择“尽量采用公共交通工具出行”，占比 88.12%；83 人次选择“节水节电”，占比 82.18%；79 人次选择“对于可循环利用的物品进行废物利用”，占比 78.22%。关于目前环境对生活的影响程度，7 人选择“严重影响”，占比 6.93%，69 人选择“比较影响”，占比 68.32%；22 人选择“无影响”，占比 21.78%；3 人选择“无所谓”，占比 2.97%。关于关注环保方面信息的态度，28 人选择“积极主动”，占比 27.72%，49 人选择“有时间就会关注”，占比 48.51%；24 人选择“偶尔关注”，占比 23.76%；无人选择“无所谓”。关于环境保护的意义，75 人次选择“人类能更持久地利用自然资源”，占比 74.26%；82 人次选择“人类与自然界和谐相处”，占比 81.19%；70 人次选择“人类平等尊重所有的生命形态”，占比 69.31%；68 人次选择“人改善自身生存环境”，占比 67.33%。

四、调查结论与建议

（一）调查结论

在此次调查中我们在线上一共抽取101位市民进行问卷调查，有效问卷101份，其中18岁以下的市民占1.98%，18—35岁占88.12%，36岁以上占9.9%。对问卷进行整理分析发现，仅有37.62%的人认为环境质量良好，但仍可以继续改善，57.43%的人认为环境质量一般，说明长沙市环境质量有待提高，4.95%的人认为环境质量较差，由此看出长沙市环境质量正在不断进步。

通过抽样调查，对调查报告的数据进行分析，得出以下结论：

第一，长沙市环境质量一般，且环境污染对市民生活有显著影响。工业污染、人为破坏环境现象严重，如果不加强执法力度，不及时处理工业排放物，长沙市民的生活环境将进一步恶化，市民生活质量也将逐步下降。

第二，长沙市民对环境保护的重要性有较高的认识，环境保护意识较强，但存在垃圾分类执行不到位等情况。据调查显示，仅有15.84%的市民在生活上分类处理垃圾，但却有高达66.34%的市民直接扔垃圾入垃圾桶，不做分类处理。由此看出，在垃圾分类上，长沙市民在“知”与“行”的表现上有些脱节，希望长沙市民能将他们较强的环保意识落实到具体的行动中来。

第三，长沙市民普遍表示会支持环境保护，并为环保出一份力。根据调查显示，长沙市民会通过各种各样的方式来支持环境保护，有超80%的人避免使用一次性餐具，有78.22%的人对可循环利用的物品进行废物利用，48.51%的人选择乘坐公共交通工具来支持环保；且有七成以上的市民表示会关注环保有关的信息。这些调查结果充分反映了环保意识已经深入人心，并且每位市民都在为环保贡献他们的力量。

（二）调查建议

为了让市民的环保意识越来越强，城市环境越来越好，天更蓝，水更绿，我们小组提出以下两点建议。

其一，加强政府环境保护方面的顶层设计，以政策规定的形式有力地改善我市的环保现状。政府应坚决贯彻和执行各项环保法律和法规，继续做好城市环境综合整治工作，加大监管力度，对破坏环境的个人或企业要依法处理，从严处理；严格执行环保责任制并制定切实可行的考核制度，使排污单位有章可循，执法人员有法可依。此外，政府应广泛深入地开展宣传教育，定期举行关于城市社区环境建设的宣传活动，使环保意识深入人心；让宣传进入家家户户，大到老人小到儿童，人人皆知；让人们了解到保护环境的重要，从而自觉保护环境。

其二，从居民自身着手，这是改善我市环保现状最直接有效的方法。环保事业是集文化素质与公共道德于一体的事业，是人们对国家集体关注的表现。只有个人素质提升了，居民的环保意识才会相应地加强。因此，一方面要加强市民的环保意识，关键是要提高全民素质，树立“人人为我，我为人人”的新风气。同时，市民也要关心并支持政府的环保工作，留意关于环保的各种宣传，通过报纸、杂志、电视、广播等宣传媒体进一步了解和丰富环保知识，树牢自己的环保观念。另一方面，市民应从行动上切实支持政府的环保工作，响应政府号召，将自己良好的环保意愿付诸行动，起到良好的环保效果，为长沙市的环保工作尽一份力。同时，市民还应尽量用自己的环保行为去影响和带动周边的人，对于那些污染环境的行为应加以批评并制止，用积极的实际行动去带动更多人加入环保队伍。

五、本组成员在社会调查过程中的收获和体会

许家陆：通过本次调查，让我感受最深的是大家的环保意识越来越强了，每个人都会自觉的不乱扔垃圾，并且大家都会努力地让身边的人也爱护环境。除了垃圾的丢弃和处理越来越规范外，植树也成了一种新潮流，大家不仅在植树节外出积极种树，而且在平时社会各界也会有组织的发起种树，这些事情都是每个人的一小步，却是在环境保护上的一大步。在社会各界的广泛宣传下，大家心中越来越关注环境问题，每个人都爱护环境，我们的环境才能变得越来越好，我们留给子孙后代的栖息地才能更加安全、美好。

孙歆晖：随着生活质量的提高，人们生活不断改善的同时，环境污染也

变成了现代社会所面临的重大问题之一。通过本次调查发现，近年来市民的环境意识有所增强，但在实际行动中的表现不尽如人意。环境问题需要政府的监管、社会的呼吁和公民的自觉，只有三方形成合力，才能更好地解决环境问题。

刘志强：环境与我们的生活息息相关，好的环境可以让我们精神愉悦，身心健康；差的环境，危害身心，阻碍社会经济的发展。当下，环境问题虽然已得到重视，但仍然存在比较突出的问题，如城市雾霾、北方的沙尘暴、南方的酸雨等。保护环境人人有责，爱护环境应从我们自身做起。购物时自带购物篮，减少使用购物袋，减少白色污染；少用或不用一次性筷子、一次性饭盒；出门选择步行、骑自行车或乘坐公交车等，用自己的实际行动为保护环境做出自己的贡献。

邱杨航：经过此次实践活动可以看出，大家的环保意识有所提高但还能继续提高。为了做好环境污染的防治工作，我们每一个公民必须努力增强环境保护意识：一方面要清醒地认识到人类在开发和利用自然资源的过程中，对生态环境造成污染和破坏；另一方面要把这种认识转变为自己的实际行动，以“保护环境，人人有责”的态度积极参加各项环境保护活动，自觉培养保护环境的道德风尚。

指导老师意见

调查小组采用问卷调查的方式，对长沙市民环保意识进行了初步调查，针对长沙市民环保意识存在的突出问题与长沙市环境质量问题，从加强政府环境保护方面的顶层设计、提高居民文化道德素养两个方面，提出了创新性对策建议。

吕文菁　陆启越

青年大学生践行“光盘”行动的现状调查

<table>
<tr><td colspan="2">学院</td><td>经济管理学院</td><td>班级</td><td>2019 级物流 2 班</td><td>组长</td><td>鲁依萍</td></tr>
<tr><td rowspan="6">小组主要成员</td><td>序号</td><td>姓名</td><td colspan="4">小组分工</td></tr>
<tr><td>1</td><td>鲁依萍</td><td colspan="4">总体设计</td></tr>
<tr><td>2</td><td>向燕</td><td colspan="4">线下采访、制作问卷</td></tr>
<tr><td>3</td><td>欧阳文盈</td><td colspan="4">问卷发放</td></tr>
<tr><td>4</td><td>高乐</td><td colspan="4">制作 PPT</td></tr>
<tr><td>5</td><td>雷紫薇</td><td colspan="4">撰写报告</td></tr>
</table>

一、调查目的和意义

（一）调查目的

随着社会生活水平的不断提高，人们的物质条件日益丰富，与此同时，奢侈、浪费之风日趋严重，特别是“舌尖上的浪费”已成为当今社会十分严峻的问题。为此，我们针对在校大学生用餐消费方面的情况进行了调查与分析，收集高校就餐浪费的相关数据，了解高校食堂中就餐浪费的基本情况，分析总结就餐浪费现象的原因，在此基础上倡导大学生树立节约意识，从小事做起，自觉落实“光盘”行动，养成良好的生活习惯。

（二）调查意义

1. 有助于培养大学生绿色生活、低碳生活的习惯。“一粥一饭，当思来处不易；半丝半缕，恒念物力维艰。”粮食作为人类赖以生存的最重要的生活资料是人类生产劳动的结晶，凝聚着劳动者的心血与智慧。对高校食堂中就餐浪费现象的实地调查，为制止餐饮浪费行为提供了一定的借鉴，唤起人们对劳动创造价值的尊重和对人类财富的珍惜，在全面建成小康社会、建设社会主义现代化强国，实现中华民族伟大复兴的实践中，弘扬节俭的传统美德，杜绝奢靡浪费之风具有深远意义。

2. 有助于营造厉行节约、反对浪费的良好社会风尚。粮食事关国运民生，粮食安全是国家安全的重要基础。党中央、国务院高度重视粮食安全问题，始终把解决人民吃饭问题作为治国安邦的首要任务。而有关数据显示，我国每年浪费食物总量折合粮食约500亿公斤，接近全国粮食总产量的十分之一。即使按保守推算，每年最少倒掉约2亿人一年的食物或口粮。通过对大学生用餐消费情况的调查与数据分析，有利于引导青年发扬艰苦奋斗精神，营造厉行节约、反对浪费的良好社会风尚，构建人与自然和谐相处的和谐社会。

二、调查方法及具体实施步骤

（一）调查方法

1. 访谈法：在食堂对学生和食堂工作人员进行随机访谈。

2. 问卷调查法：通过线上和线下发放问卷。

（二）具体实施步骤

1. 组内成员讨论确定调查主题及方向。

2. 网上查阅相关资料。

3. 设计调查问卷和发放问卷。

4. 对收集的信息进行汇总，归纳、整理和分析。

5. 撰写调查报告。

三、调查内容（调查过程中获得的材料及数据）

（一）调查工作概况

1. 2020年11月16日，确定调查主题，查阅相关资料。

2. 2020年11月20日—21日，设计调查问卷。

3. 2020年11月24日，通过线上和线下发放调查问卷。

4. 2020年11月26日，对长沙学院部分大学生和食堂工作人员进行访谈。

5. 2020年11月28日，对收集的数据进行整理和分析，撰写调查报告。

6. 2020年11月30日—12月20日，对报告进行修改，最终定稿。

（二）调查问卷

1. 您的性别是（　　）［单选题］

A. 男　　B. 女

2. 您的年级是（　　）［单选题］

A. 一年级　B. 二年级　C. 三年级　D. 四年级

3. 您一个月的生活费是（　　）［单选题］

A. 600—1000 元　B. 1000—1500 元　C. 1500—2000 元

D. 2000—2500 元　E. 2500 元以上

4. 您每天花在餐饮上的费用平均是（　　）［单选题］

A. 10—20 元　B. 20—30 元　C. 30—40 元　D. 40—50 元

5. 您觉得学校食堂饭菜定价是否合理（　　）［单选题］

A. 过高　B. 较高　C. 合理　D. 偏低

6. 您是否有剩饭剩菜的行为（　　）［单选题］

A. 偶尔　B. 经常　C. 每天　D. 从未

7. 您每顿大概倒掉多少饭菜（　　）［单选题］

A. 基本没有　B. 有，只是很少的残渣　C. 大约四分之一

D. 一半以上　E. 其他情况

8. 您倒掉饭菜的原因是（　　）［多选题］

A. 食堂的饭菜难吃　B. 饭菜打的太多，吃不完

C. 在饭菜里发现异物　D. 减肥保持身材　E. 胃口不好等其他原因

9. 您会为浪费食物而感到自责吗（　　）［单选题］

A. 有时　B. 很少　C. 经常　D. 从不倒饭菜　E. 其他情况

10. 您对同学浪费食物的行为态度是（　　）［多选题］

A. 会立刻上前制止　B. 不喜欢，但是不好意思去制止

C. 无所谓，习以为常了　D. 别人的事，不想多管闲事

E. 会私下里委婉地跟该同学说

11. 您觉得食堂饭菜的分量如何（　　）［单选题］

A. 满意　B. 偏多　C. 偏少　D. 其他

12. 就餐环境的好坏是否对您的食欲有影响（　　）［单选题］

A. 影响很大　　B. 有些影响　　C. 完全无影响

13. 您每周在食堂就餐的频率是（　　）［单选题］

A. 6—12 次　　B. 12—18 次　　C. 18 次以上

14. 您认为在食堂吃饭排队等候的时间（　　）［单选题］

A. 长　　B. 比较长　　C. 不长不短　　D. 短

E. 不同的时间段情况不一致

15. 您是否会为了不浪费粮食，即使吃得很饱也会把饭菜吃完（　　）［单选题］

A. 偶尔　　B. 经常

C. 从不　　D. 根据个人的心情以及环境来决定

16. 您觉得食堂的食物浪费问题严重吗（　　）［单选题］

A. 非常严重　　B. 比较严重

C. 不是很严重　　D. 情况良好

17. 当外出用餐有剩余时，您是否会打包（　　）［单选题］

A. 会　　B. 不会　　C. 根据所处的环境来决定

18. 请您为改善校园浪费粮食现象提出宝贵建议。［填空题］

19. 您希望学校食堂增设哪些食物的供应？［填空题］

（三）调查数据

参与本调查问卷的共有 154 人，具体情况如下：

根据问卷所示，其中 65 人为“男”，占比 42. 21%；89 人为“女”，占比 57. 79%。一年级学生 69 人，占比 44. 81%；二年级学生 67 人，占比 43. 51%；三年级学生 15 人，占比 9. 74%；四年级学生 3 人，占比 1. 95%。关于一个月的生活费用，19 人在“600—1000 元”，占比 12. 34%；90 人在“1000—1500 元”，占比 58. 44%；36 人在“1500—2000 元”，占比 23. 38%；7 人在“2000—2500 元”，占比 4. 55%；2 人在“2500 元以上”，占比 1. 3%。关于每天花在餐饮上的费用，22 人选择“10—20 元”，占比 14. 29%；94 人选择“20—30 元”，占比 61. 04%；30 人选择“30—40 元”，占比 19. 48%；

8人选择“40—50元”，占比5.19%。关于学校食堂饭菜定价是否合理，22人选择“过高”，占比14.29%；61人选择“较高”，占比39.61%；71人选择“合理”，占比46.1%；无人选择“偏低”。关于是否有剩饭剩菜的行为，113人选择“偶尔”，占比73.38%；26人选择“经常”，占比16.88%；2人选择“每天”，占比1.3%；13人选择“从未”，占比8.44%。关于每顿大概倒掉多少饭菜，23人选择“基本没有”，占比14.94%；82人选择“有，只是很少的残渣”，占比53.25%；40人选择“大约四分之一”，占比25.97%；5人选择“一半以上”，占比3.25%；4人选择“其他情况”，占比2.6%。关于倒掉饭菜的原因，46人次选择“食堂的饭菜难吃”，占比29.87%；76人次选择“饭菜打的太多，吃不完”，占比49.35%；16人次选择“在饭菜里发现异物”，占比10.39%；22人次选择“减肥保持身材”，占比14.29%；87人次选择“胃口不好等其他原因”，占比56.49%。关于是否会为浪费食物而感到自责，67人选择“有时”，占比43.51%；36人选择“很少”，占比23.38%；36人选择“经常”，占比23.38%；7人选择“从不倒饭菜”，占比4.55%；8人选择“其他情况”，占比5.19%。对于同学浪费食物的行为，9人次选择“会立刻上前制止”，占比5.84%；76人次选择“不喜欢，但是不好意思去制止”，占比49.35%；36人次选择“无所谓，习以为常了”，占比23.38%；66人次选择“别人的事，不想多管闲事”，占比42.86%；16人次选择“会私下里委婉地跟该同学说”，占比10.39%。关于食堂饭菜的份量，55人选择“满意”，占比35.71%；31人选择“偏多”，占比20.13%；56人选择“偏少”，占比36.36%；12人选择“其他”，占比7.79%。关于就餐环境的好坏对食欲的影响，69人选择“影响很大”，占比44.81%；78人选择“有些影响”，占比50.65%；7人选择“完全无影响”，占比4.55%。关于每周在食堂就餐的频率，36人选择“6—12次”，占比23.38%；65人选择“12—18次”，占比42.21%；53人选择“18次以上”，占比34.42%。关于在食堂吃饭排队等候的时间，13人认为时间“长”，占比8.44%；44人认为时间“比较长”，占比28.57%；38人认为时间“不长不短”，占比24.68%；7人认为时间“短”，占比4.55%；52人认为时间“不同的时间段情况不一致”，占比 33.77%。关于是否会为了不浪费粮食，即使吃得很饱也会把饭菜吃完，56 人选择“偶尔”，占比 36.36%；35 人选择“经常”，占比 22.73%；19 人选择“从不”，占比 12.34%；44 人选择“根据个人的心情以及环境来决定”，占比 28.57%。关于食堂的食物浪费问题是否严重，10 人选择“非常严重”，占比 6.49%；94 人选择“比较严重”，占比 61.04%；43 人选择“不是很严重”，占比 27.92%；7 人选择“情况良好”，占比 4.55%。关于外出用餐有剩余时是否会打包，42 人选择“会”，占比 27.27%；57 人选择“不会”，占比 37.01%；55 人选择“根据所处的环境来决定”，占比 35.71%。

四、调查结论与建议

（一）调查结论

本次关于长沙学院大学生用餐浪费现象情况的调查，我们收回的答卷共有 154 份，其中线上调查问卷主要面向一、二年级的学生，线下纸质问卷主要面向三、四年级的学生，同时结合对学校学生和食堂工作人员的线下访谈，本次调查得出以下结论：

1. 大学生剩饭剩菜的现象比较严重。有超过 90% 同学有剩饭剩菜的行为，而且每次倒掉饭菜的分量比较多，只有 8.44% 的同学从未浪费过粮食。

2. 造成大学生浪费食物的原因有很多。有 56.49% 的原因是因为胃口不好等，这是造成剩饭剩菜的主要原因之一，另外有将近 50% 的原因是饭菜打得太多而吃不完，还有将近 30% 的原因是食堂饭菜不好吃。

3. 食堂浪费的主要是米饭。由于部分食堂的米饭是自助的，不少同学米饭买得过量而吃不完只能选择倒掉。

（二）调查建议

1. 个人方面

一方面，增强节约意识，落实“光盘”行动，对于节约不能仅仅只停留在意识层面，要在行动中得以体现，从小事做起，做到点滴节约；另一方面，养成良好的用餐习惯，减少或避免浪费，如制定合理的作息时间表，饮食规律，吃多少买多少等。

2. 学校方面

（1）避免形式主义宣传。在传统的悬挂横幅、粘贴标语的基础上，采取新形式，比如每周在食堂门口摆放大宣传板，公布一次食堂一周就餐总人次、总浪费量、人均浪费量等。同时，食堂工作人员看到大学生有用餐浪费行为时要进行提醒，并在盛饭菜时给出分量建议。

（2）优化菜品结构。菜品质量直接关系到剩饭、剩菜的数量，因此提高菜品质量是减少浪费的有效途径。学校食堂可以通过聘请专业厨师，改善厨房硬件设施，进行饭菜质量评比，设置监督台接受大学生投诉等措施提高菜品质量。对于菜品结构，加大受欢迎菜品的供应，淘汰不受欢迎的菜品。

（3）推行小分量饭菜。针对个人原因（如减肥、没胃口等）倒掉饭菜的问题，建议增加一些清淡、低热量的食物，并对辣度和口味进行部分调整，倡导同学们进行“光盘”行动。针对因为饭菜打得太多而倒掉饭菜的同学，可考虑选择小分量饭菜。

（4）改善就餐环境。长沙夏季气温高，食堂应尽力改善就餐环境，安装足够的风扇、空调。另外及时清理餐桌，保证食堂环境的洁净，营造干净、舒适的就餐环境。

3. 政府方面

政府应出台相关政策，对各高校之间进行考核，将各高校落实“光盘”行动的情况纳入考核范围，对“光盘”行动落实到位、执行良好的高校进行奖励，对落实不到位、就餐浪费严重的高校采取曝光等措施。

五、本组成员在调查过程中的收获和体会

鲁依萍：本次调查研究从资料收集、问卷设计、问卷发放、实地调查、数据整理分析、视频录制等，都是小组成员一起分工协作、共同完成的。前期，作为组长要组织大家讨论选题，并综合听取大家的建议。起初，选题比较庞大，调查地区也比较广泛，后来才逐渐缩小选题范围，集中调查某一个地区。在本次调查中，我不仅了解到同学们就餐时的具体情况，也感受到团

队力量的强大，每个人都做好了自己的工作。

高乐：这次的实践调查让我懂得了合作分工及团队精神的重要性。在线上问卷发放与填写过程中，出现了一些阻力，部分人虽然收到了问卷但不愿意填写，这让我明白了问卷发放前与他人的积极沟通是很有必要的。在调查的过程中，我发现本校学生用餐浪费现象较为严重，而吃不完所造成的浪费占主要因素，针对这种现象，我认为减少用餐浪费，切实落实好“光盘”行动，是我们每一个人义不容辞的责任。

向燕：我们调查小组的主题是关于大学生用餐浪费现象的调查，我的任务是制作问卷以及收集采访资料。问卷调查非常考验小组的团结性，看起来很简单的事情，其实做起来还是有一定的难度，之前我也帮很多人填过类似的线上问卷，但是自己制作问卷还是第一次。在调查过程中，我学会了制作线上问卷，问卷的题型和选项都要自己去慢慢琢磨。虽然制作过程花费的时间有点长，但是最后看到问卷顺利完成和发布，心里无比的开心。

欧阳文盈：通过此次高校食堂就餐浪费现象的调查，让我对高校食堂就餐浪费现象及其形成原因有了更加深入的了解。一方面，通过实践调查，我发现高校食堂就餐浪费已然是一个普遍现象，根本原因是没有形成浪费可耻、节约为荣的氛围环境。所以，对于制止就餐浪费行为，更多的是让学生群体形成拒绝浪费的消费行为，唤起对劳动创造价值的尊重，从而进一步宣传节约粮食、克勤克俭的传统美德。另一方面，在此次实践调查中，我对团队合作有了新的认知和感受，在团队合作的实践中，共同参与、各有分工才是关键，同时，相互交流、提出意见、共同分析，不仅提高了完成实践调查的效率，更多的是让我懂得了实践学习的意义。

雷紫薇：作为在校大学生，带着忧患意识审视我们日常的用餐消费，我看到了一系列与“创建节约型社会”不符的浪费行为，大学生食堂的浪费现象尤甚。大部分学生都知道什么是浪费，但剩饭现象仍然经常发生。浪费的原因有饭菜质量差、不合口味、心情不好、害怕别人讥笑等。通过此次调查，让我加深了对落实“光盘”行动和创造节约型社会的理解，认识到践行绿色消费、低碳消费的重要性。

指导老师意见

学习小组聚焦校园“光盘”行动，通过线上、线下问卷调查和对学生和食堂工作人员进行随机访谈，对长沙学院大学生用餐浪费现象进行了深入调查。在剖析大学生践行“光盘”行动存在的突出问题的基础上，从个人、学校、政府等层面探索大学生落实“光盘”行动的有效对策。调查研究对于培养大学生绿色生活习惯、营造厉行节约的校园氛围具有重要意义。

陆启越　吕文菁

三、金色系列

金色的稻田绘就了乡村幸福生活的美好画卷，是丰收的象征。以“民族要复兴，乡村必振兴”为主题，组织学生开展社会调查与研究性学习活动。学生在教师的指导下，以学习小组为单位，根据专业特点、学习兴趣确定调查研究选题。围绕脱贫攻坚伟大成就与基本经验、乡村特色产业发展、乡村人才队伍建设、乡村文化建设、乡村生态环境建设、乡村社会治理等问题，进行理论学习、文献研究、问卷调查、小组研讨等，在此基础上，撰写社会调查报告或研究性学习成果报告。通过“金色”移动思政课堂系列活动的开展，引导学生深入农村、深入群众、深入实际，用大历史观全面分析我国“三农”工作的重要性，从民族复兴的高度来认识乡村振兴战略的伟大意义，进一步明晰当代青年在乡村振兴中的责任担当与角色意义，积极投身乡村振兴伟大实践。

苗族银饰锻造助推湖南农村精准扶贫的效果调查

<table>
<tr><td colspan="2">学院</td><td>艺术设计学院</td><td>班级</td><td>2017 级环艺 3 班</td><td>组长</td><td>李熙璟</td></tr>
<tr><td rowspan="6">小组主要成员</td><td>序号</td><td>姓名</td><td colspan="4">小组分工</td></tr>
<tr><td>1</td><td>李熙璟</td><td colspan="4">设计调查问卷、撰写调查报告</td></tr>
<tr><td>2</td><td>赵大洁</td><td colspan="4">问卷调查与数据统计</td></tr>
<tr><td>3</td><td>李文慧</td><td colspan="4">数据分析与对策研究</td></tr>
<tr><td>4</td><td>于奇文</td><td colspan="4">数据分析与对策研究</td></tr>
<tr><td>5</td><td>童晟</td><td colspan="4">资料整理及 PPT 制作</td></tr>
</table>

一、调查目的和意义

（一）调查目的

湘西土家族苗族自治州（简称“湘西”），是“精准扶贫”首倡地。在这里，苗绣、土家织锦、苗族银饰锻造等传统工艺资源十分丰富，生产和市场基础较好。近年来，全州上下沿着习近平总书记指引的光明道路奋勇前进，利用湘西文化多元的特点，活态演绎苗族银饰、服饰等非物质文化遗产，以全国第一批“非遗＋扶贫”重点支持地区花垣县为重点，努力将丰富的非遗资源优势转化为发展优势，于 2019 年 2 月 18 日在全州挂牌成立了首批 10 家非遗扶贫就业工坊。既为广大群众提供了丰富多样的文化精神食粮，也有利于湘西生态文化旅游业的持续健康发展。此次调查的主要目的在于：

1. 了解苗族银饰锻造在湖南农村精准扶贫中的重要作用，总结湘西“非遗＋扶贫”的重要成就和基本经验；

2. 分析苗族银饰锻造技艺给湖南农村精准扶贫带来的实际效果，提出苗族银饰锻造助力精准扶贫的对策建议；

3. 感受当地工艺者们对苗族银饰锻造技艺的热爱和精益求精的精神，传承苗族传统文化，弘扬苗族银饰锻造工匠精神。

（二）调查意义

1. 有助于大学生更好地了解精准扶贫的重要战略与基本经验，增强责任意识和担当精神；

2. 有助于大学生深刻认识银饰锻造工艺的时代价值，把握非物质文化遗产在脱贫攻坚中的重要作用，为提高精准扶贫实效建言献策；

3. 有助于弘扬中华优秀传统文化，推动非物质文化遗产保护与经济社会发展的良性互动。

二、调查方法及具体实施步骤

（一）调查方法：

文献研究法；问卷调查法；实地考察法。

（二）实施步骤：

第6—7周：小组讨论选题并进行小组分工。李熙璟负责设计调查问卷和撰写调查报告；赵大洁负责开展问卷调查与数据统计；李文慧与于奇文负责数据分析与对策研究；童晟负责资料整理及PPT制作。

第8周：理论学习与文献研究。

第9—11周：设计调查问卷与考察方案。

第11—12周：实施问卷调查、开展实地调查与访谈，统计整理调查数据。

第13—14周：分析调查数据并撰写社会调查报告。

第15周：制作PPT，准备社会调查成果汇报。

三、调查内容（调查过程中获得的材料及数据）

（一）通过文献查阅收集到的相关资料

我们在网络上搜索到很多关于农村精准扶贫的相关案例，比如湖南红色经典路线开发、特色旅游+精准扶贫等，各项目的精准扶贫成绩突出。截至2018年，全省14个贫困县（市、区）摘帽、551万人脱贫、3711个贫困村出列，贫困发生率降至3.86%。在已脱贫摘帽的14个县（市、区）中，有11

个是国家全域旅游示范区创建单位。通过文化和旅游融合推进，使贫困群众脱贫致富，是湖南精准扶贫的成功经验。

（二）调查问卷

苗族银饰锻造给湖南农村精准扶贫带来的效果调查

1. 您的职业是（　　）［单选题］

A. 学生　　B. 上班族　　C. 其他

2. 您所在的地区是（　　）［单选题］

A. 中西部地区　　B. 东部沿海地区　　C. 其他

3. 您是否听说过苗族银饰锻造技艺并知道它是一项非物质文化遗产（　　）［单选题］

A. 听说过，并且知道　　B. 听说过，但不知道

C. 没听说过，也不知道

4. 您来湘西会选择购买哪些物品（　　）［多选题］

A. 首饰　　B. 装饰品　　C. 餐具　　D. 其他

5. 您一般通过何种途径进行购物（　　）［多选题］

A. 实体店　　B. 网购　　C. 其他

6. 您是否会浏览艺术类的网站（　　）［单选题］

A. 很感兴趣　　B. 一般程度　　C. 不感兴趣

7. 如果有机会体验苗族银饰锻造技艺，您是否感兴趣（　　）［单选题］

A. 很感兴趣　　B. 一般程度　　C. 不感兴趣

（三）调查数据

本次共发放调查问卷 103 份，有效回收调查问卷 103 份。其中，学生群体占 78.64%，上班族占 18.45%，其他人员占 2.91%；中西部占 56.31%，东部沿海地区占 19.42%，其他地区占 24.27%。关于是否听说过苗族银饰锻造技艺并知道它是一项非物质文化遗产，44.66% 的人表示“听说过，并且知道”，43.69% 的人表示“听说过，但不知道”，11.65% 的人则表示“没听说过，也不知道”。关于来湘西会选择购买的物品中，选择购买“首饰”的占 58.25%，选择购买“装饰品”的占 64.08%，选择购买“餐具”的占

31.07%，选择购买“其他”物品的占29.13%，表示“没有买过”的仅占9.71%。关于一般通过何种途径进行购物，选择“实体店”的占66.99%，选择“网购”的占71.84%，选择“其他”的仅占10.68%。关于是否会浏览艺术类的网站，41.75%的人对艺术类网站“很感兴趣”，50.49%的人对艺术类网站“一般程度”感兴趣，只有7.76%的人表示对艺术类网站“不感兴趣”。如果有机会体验苗族银饰锻造技艺，55.34%的人表示“很感兴趣”，43.69%的人表示“一般程度”感兴趣，只有0.97%的人表示“不感兴趣”。

根据调查结果，我们了解到大多数人对银饰锻造的产品是比较关注和喜爱的，对苗族锻造技艺的传承也是比较感兴趣的，银饰锻造产品市场比较乐观，苗族银饰锻造特色产业带动湘西经济发展的前景可期。

四、调查结论与建议

（一）调查结论

本小组通过对选题各方面的调查，总结得出以下结论：

1. 新时代传承和发展苗族银饰锻造技术意义重大。苗族银饰锻造技术是我国的非物质文化遗产，是我们国家悠久历史文化传统的真实见证，发展和保护好苗族银饰锻造非物质文化遗产，对于脱贫攻坚和推进乡村振兴意义重大。苗族银饰蕴含着中华民族特有的精神价值、思维方式、想象力和文化意识。苗族银饰锻造技艺所蕴含的工匠精神，是推动农村经济社会发展的持续动力，不仅有助于脱贫攻坚目标的实现，对于推动乡村文化振兴、实现共同富裕有着更深远的意义。

2. 苗族银饰锻造特色产业发展助力脱贫攻坚前景可期。通过调查发现，来湘西州苗族的旅游者中，有58.25%的人会选择购买首饰物品，64.08%的人会购买装饰品，31.07%的人购买过餐具，29.13%的购买过其他工艺品，只有9.71%的人没有购买过任何物品。同时，55.34%的游客对苗族银饰锻造工艺很感兴趣，银饰锻造的产品深受游客的关注和喜爱，市场潜力很大，苗族银饰锻造特色产业发展助力脱贫攻坚的前景可期。

（二）调查建议

1. 做好苗族银饰锻造技术的摸底调查，将苗族银饰锻造工匠组织起来，推进苗族银饰锻造产业化和现代化，推动农村经济发展。

2. 加强对苗族银饰锻造技术的集体培训，使银饰技艺的加工代有传人。

3. 研究和开发银饰制品的销售市场，适时进行新产品的开发与销售，推动银饰产品多样化、特色化与个性化。

4. 加大宣传力度，营造特色产业的良好氛围。村委会应响应乡村振兴战略、生态文明建设的相关精神，在村内不定期开展相关讲座和培训活动，凝聚产业扶贫共识，打造苗族银饰锻造产业特色品牌。

五、本组成员在社会调查过程中的收获和体会

赵大洁：通过研究性学习，我们学习到了平常很难接触到的知识，自己能做到更加主动地去思考问题，获取知识。总的来说，调查研究使我们在开放的情境中主动探索，亲身体验，在愉快的心情中自主学习，提高能力。这次调查研究不仅使我增长了知识，提高了自主学习能力，也让我懂得社会实践的重要性，我深刻认识到，只有靠自己的双手才能成功地做好每一件事，只有精益求精、不断实践，才能全面提升自己的能力和素养。最重要的是，我进一步认识到了团结协作的重要性，调查研究是一项系统的工程，单凭一人之力是无法完成的，只有小组成员更好地分工合作，才能克服各种困难。

李文慧：通过这次的调研，我深刻认识到苗族银饰锻造工匠精益求精、追求卓越的精神，我的价值观也得到更好地塑造。我明白了身为青年大学生应尽的义务和要承担的责任，进一步明晰了青年在脱贫攻坚和乡村振兴中的角色，只有不断地提升自己的专业素养，打牢专业基础，才能为脱贫攻坚和乡村振兴贡献自己的力量。

李熙璟：通过本次的调查，我深刻认识到，坚持一切从实际出发是我们想问题、做决策、办事情的出发点和落脚点。坚持实事求是，关键在于求是，也就是探求和掌握事物发展的规律。对事物客观规律的认识只能在实践中完成，勇于实践、善于实践，在实践中积累经验，进行理论升华，再用以指导

实践、推动实践，在实践中使认识得到检验、修正、丰富和发展，这是认识客观规律的根本途径，也是把握客观规律的必由之路。

于奇文：时代飞速发展，手工作业、书信传情的时代早已经离我们远去，人们也渐渐忽略了苗族银饰传统手工艺的传承和发展，苗族银饰锻造是一个烦琐而复杂的过程，需要的是耐心和细致，体现的是苗族工匠精神。在中华民族 5000 多年的文明史中，传统手工艺曾以精湛的技术和文化内涵闻名于世。在文化多彩、文明互鉴的今天，我们不仅应好好学习和借鉴国外经验，更应该继承和发展好我们的传统手工艺技术，从银饰锻造技术继承和发展中培养工匠精神，传承中华优秀传统文化。我相信只要我们坚持精益求精的态度，从中华工匠精神中汲取前进的力量，我们一定能从制造业大国走向制造业强国。

童晟：调查研究并不是一个人能完成的，在这过程中收集资料、讨论、分析都离不开各个成员的分工合作，就犹如制造银饰的各个环节都不能疏忽。在调查研究中我们增强了团队合作意识，相互增进了了解。同时调查研究也给我们带来了很大的创新空间和实践机会，培养了我们的科学思维和实践能力，改变了我们被动学习和缺少独立思考的习惯。

指导老师意见

调研小组通过苗族银饰锻造助推湖南农村精准扶贫的效果调查，总结了湘西“非遗＋扶贫”的重大成就和经验启示，提出了苗族银饰锻造特色产业发展的合理对策。调查报告主题突出，结构合理，小组成员体会深刻。研究成果对于推动苗族银饰锻造特色产业可持续发展、传承苗族工匠精神、弘扬苗族优秀传统文化意义深远。

侯旭平

湖南茶陵县秩堂镇地方特色产业发展情况调查

<table>
<tr><td colspan="2">学院</td><td>经济管理学院</td><td>班级</td><td>2018 级法学 4 班</td><td>组长</td><td>梁国庆</td></tr>
<tr><td rowspan="5">小组主要成员</td><td>序号</td><td>姓名</td><td colspan="4">小组分工</td></tr>
<tr><td>1</td><td>梁国庆</td><td colspan="4">总体布局、完成调查报告</td></tr>
<tr><td>2</td><td>李景媛</td><td colspan="4">查找资料、设计调查问卷、完成调查报告</td></tr>
<tr><td>3</td><td>王启灿</td><td colspan="4">实施问卷调查、进行数据分析、完成调查报告</td></tr>
<tr><td>4</td><td>王泊远</td><td colspan="4">进行数据分析、完成调查报告</td></tr>
</table>

一、调查目的和意义

（一）调查目的

党的十九大报告明确提出实施乡村振兴战略，加快推进农业农村现代化，始终把解决好“三农”问题作为全党的重中之重。2020 年是决胜全面建成小康社会的收官之年，是开启第二个百年奋斗目标的承接之年。实施乡村振兴战略，推进乡村振兴取得重要进展是全面建成小康社会的要求，是落实十九大报告的体现。推动乡村振兴，产业兴旺是关键点。湖南茶陵县秩堂镇具有历史文化深厚和油菜产业发达两个优势，但当地却未能将这优势最大化释放，鉴于此，希望通过此次社会调查为解决产业发展瓶颈提供相关思路和建议。

（二）调查意义

第一，有助于锻炼大学生社会调查能力。大学生作为接受高等教育的主要群体，在理论学习上有较好的锻炼，但从人才培养上，不仅需要学生具备较好的理论知识，同时需要学生掌握必备的实践调研能力。

第二，有助于大学生加深理解国家政策。乡村振兴战略作为我们战略方针之一，深刻学习领会其中的核心要义对于学生了解国情民情，看待乡村，服务乡村具有深刻的理论要义。

第三，有助于提出产业扶贫相关建议。通过此次调查，调研小组在查阅资料等基础上，结合自身专业知识，帮助地方扶贫工作、乡村振兴工作提供咨询建议。

二、调查方法及具体实施步骤

（一）调查方法

1. 文献调查法：查阅相关资料、文献等。

2. 实地考察法：有计划地对秩堂镇进行直接走访、考察。

（二）具体实施步骤

1. 组内成员讨论确定调查主题及方向。

2. 通过中国知网、政府网站、新闻媒体等查阅相关资料。

3. 对秩堂镇进行实地走访、考察。

4. 对收集的信息进行汇总，归纳整理和分析。

5. 撰写调查报告。

三、调查内容（调查过程中获得的材料及数据）

（一）调查工作概况

1. 2020 年 6 月 8 日：收集国家有关乡村振兴的政策资料，整理文稿。

2. 2020 年 6 月 10 日—15 日：通过湖南省人民政府官网、秩堂镇人民政府官网查找资料。

3. 2020 年 6 月 16 日—18 日：实地走访、考察秩堂镇。

3. 2020 年 6 月 19 日—25 日：对收集的资料进行分析，撰写调查报告。

（二）调查数据

通过中国知网、政府网站、新闻媒体等查阅相关资料，对秩堂镇进行走访、考察，我们获得秩堂镇农村农业发展方面的以下材料和数据。

1. 秩堂镇基本情况

秩堂镇（2009 年 12 月 2 日撤乡建镇），位于茶陵县东北部罗霄山脉中段，东北与江西省莲花三板桥乡、永新高溪乡和三湾乡接壤，西、南与茶陵县严塘、高陇为邻，距县城 44 公里，镇政府所在地为彭家祠，辖 11 个村、1 个居委会，行政区域面积约为165平方公里（平方千米），耕地面积2.43万余亩，山林面积16.8万余亩，人口约为2.89万。

2. 秩堂镇区域经济发展情况

2018年，秩堂镇完成GDP增长10.9%，实现规模工业总产值6.1亿元、社会消费品零售总额920万元；实现农村居民人均可支配收入8768元，同比增长10.2%。全镇因地制宜，大力发展茶叶、油茶和油菜等特色产业，新增茶叶种植面积近1000亩，实现茶叶种植面积5000余亩，实现油菜集中种植9000余亩，实现油茶种植面积1.5万余亩。目前，秩堂镇以旅游资源为依托，重点打造油菜花“一江两岸、十里田园”观光旅游带、龙江峡户外休闲旅游带、皇雩仙生态康养旅游带，形成生态健康环境、现代观光农业、特色乡村旅游三方面互动相促的良性循环。

3. 秩堂镇特色产业发展情况

秩堂镇坚持把重金属污染治理项目、高标准农田建设项目与农业产业结构调整有机结合起来，继续抓好“两叶、两油、两果”特色产业发展。“两叶”是指茶叶和烟叶，进一步巩固好茶叶产业，全力打造龙江白茶基地，制作精品，形成品牌效益；种植好皇图300亩烤烟，确保高产高效。“两油”是指油茶和油菜，通过改造改良老茶林，新造新种油茶林，力争2021年使秩堂镇油茶林面积达到2万亩；完善奖补机制，创新土地流转，确保皇龙江沿线油菜种植“集中连片，一丘不落”。“两果”是指罗汉果和脐橙，推进以东首、石龙为主500亩的罗汉果产业，建成以晓塘、马吉、皇图为主的1000亩脐橙产业，力争总面积达2000亩以上。积极筹办好第五届油菜花节，提高秩堂乡村旅游的影响力。

4. 秩堂镇环境建设情况

秩堂镇全面深入开展“三清三拆三整治”农村环境整治行动，全面推进破败空心房拆除工作，累计拆除破败空心房（含牛栏、旱厕）4045间，农村环境日益改善。投资600余万元，提质升级皇龙江沿线，着力打造“一江两岸”；投资900余万元，完成东部旅游环线路基建设，着力建成“旅游+扶贫”产业带；投资800余万元，改造提质集镇“四化”建设，着力创建省市文明卫生集镇。

5. 秩堂镇文化建设情况

在进行农村环境整治的同时，秩堂镇注重乡风建设，全面建立“村民议事会”“红白理事会”“道德评议会”和“禁毒禁赌会”，移风易俗，充分发挥出“学士故里”的乡风民风，实现乡村风气焕然一新。

秩堂镇文物保护单位（小组整理）

单位名称	保护级别	立项时间
晓塘城遗址	省级	2019 年
龙家牌坊	省级	2002 年
龙家牌坊增补点（龙氏家庙）	省级	2011 年

6. 秩堂镇脱贫攻坚情况

茶陵县秩堂镇 2018 年零差错完成全镇 63 户 184 人脱贫退出，实现已退出对象稳定脱贫，实现新农合参保率在 97% 以上，农村低保向特困群体全覆盖，共兜底保障 90 户 234 人，低保 134 户 306 人。

四、调查结论与建议

（一）调查结论

自党的十九大以来，秩堂镇坚定不移抓乡村振兴，通过抓重点、补短板、强弱项，农村农业发展取得突出成绩。主要体现在：区域经济稳步发展，特色产业格局初步形成，美丽乡村建设硕果累累，乡村风气焕然一新，脱贫攻坚卓有成效。秩堂对外旅游知名度和美誉度进一步提升。随着全面建成小康社会目标的实现以及全面推进乡村振兴目标的提出，秩堂镇特色产业也面临着一些发展困境和瓶颈。

1．油菜产业面临困局

油菜是秩堂镇的主要经济作物之一，近年来，茶陵县、秩堂镇两级政府积极抓好“两叶、两油、两果”特色产业发展，打造油菜集中连片种植区，形成美丽的油菜风光带，连续 4 年举办油菜花节，在油菜特色种植产业的发展下，秩堂镇经济发展得到了有力的推进。但随着油菜种植区面积的扩大、油菜产量的增加，以油菜为原料产出的菜籽油出现了饱和状态，即产量与销售不对等，2018 年，秩堂镇滞销菜籽油约 5000 千克。

油菜产业发展困局出现主要有 4 个方面的原因。第一，油菜产业供销渠道狭小。秩堂镇油菜主要为自产自销，绝大部分用于全镇餐馆使用，对外销售渠道狭窄。目前秩堂镇有油菜集中种植面积 9000 余亩，全镇也实现了机械化收割，虽然油菜种植处于政府统一指导下，但是在销售端仍是散户进行自销，没有组建一个统购统销的供销社，造成油菜种植上游统一指导，油菜销售下游分散混乱。第二，有质量无品牌。秩堂镇介武功、万洋两山之间，东、南、西三面环山，北为丘陵，地势东南低，西北高，地形呈钳合状盆地，形成岗丘区，境内支流众多，东坑水库为辖区最大水库，总蓄水量 1127 万立方米，能灌溉秩堂、高陇、湘东等三个乡镇的数万亩水田，对于当地油菜种植有天然的优势，油菜品质好，故每年能够吸引众多游客前来观光旅游，但当地政府并没有为秩堂油菜创设品牌，使得秩堂油菜外销缺乏吸引力和知名度，不能与其他省内油菜种植区形成竞争力。第三，没有完整的产业链。由于当地油菜主要为散户种植和销售，虽然当地政府通过每年筹办油菜花节增加油菜的旅游经济效益，但主要的收入仍流向餐馆、民宿内，游客实际购买油菜产品较少。同时，油菜加工以散户自行加工为准，缺乏统一的加工标准，菜籽油质量有所差异，不能形成完整的油菜产业加工链。第四，青壮年流失。随着辖区内青壮年外出务工，大量田土由老人进行耕种，种植、收割效率较低，部分无人看管耕地逐渐荒废，也成了阻碍当地油茶发展的原因之一。

2. 全域旅游开发不足

据《茶陵县志》记载，秩堂有文字记载的历史始于公元前 500 年左右，距今有 2500 多年的文明史，故秩堂地区有较多的历史文化古迹，如皇雩仙、龙家牌坊、雩江书院等。2018 年，秩堂镇党委、政府专门召开了“文化兴旅·共享秩堂”恳谈会，规划打造了十大旅游板块，一是打造以学士碑亭为中心的学士文化板块，二是打造以龙家牌坊为标志的家庙祠堂文化板块，三是打造以列宁学校为起点，辐射红军四大战斗遗址，连接东首将军广场、小田革命遗址、江西三湾红军广场等红色文化板块，四是打造以皇雩仙道教为重点的宗教信仰文化板块，五是打造以东坑水库为轴心的库区、坝下竞舟漂流休闲文化板块，六是打造以龙江峡为重点的山地生态游文化板块，七是打造以小田为中心的山区休闲文化板块，八是打造以晓塘为中心的古城古墓文化板块，九是打造以“一岭一坳”农业旅游观光文化板块，十是打造以彭家祠墟市为中心的各村地方特色、传统风味、茶乡美食等民俗文化板块。

秩堂镇依靠乡村旅游在脱贫扶贫、兴镇旺镇上取得了不错的效益。但是秩堂镇各处旅游景点呈分散状，景点与景点之间也有较大距离，不能形成一条完整的乡村旅游走廊。同时，秩堂镇当前旅游建设存在“留不住人”的情况，主要体现在相关配套基础设施不完善，秩堂镇的食宿条件不能满足外地游客在当地的需求，食宿条件还有待进一步的提升，吃、住、行、游、购、娱的全方位旅游格局还需进一步的升级。其次，景观开发不充分，在人文景观方面，秩堂镇拥有悠久的“祠堂文化”，境内有大小祠堂百余座，红色遗址丰富，但这些人文景观资源并没有充分利用，致使不能发挥其经济效益，而其接纳对象也主要为各地党政代表团提供红色参观场所。在自然景观方面，秩堂镇风景秀丽，山清水秀，具有得天独厚的自然风光，但是在旅游开发方面存在一个季节性，即旅游高峰期主要为每年 3 月，通过借助油菜花节吸引游客，而一旦油菜花期结束，旅游热度也随之散去，全年风景不能充分的开发。最后，秩堂镇旅游品牌没有树立，在与其同等村镇比较下，缺乏品牌优势。旅游业作为第三产业，其发展的关键因素在于拥有广阔的客源市场，扩大旅游目的地品牌效应，吸引客源才能够确保旅游业持久发展，而显然，当前秩堂镇在这一方面还缺乏相关措施的弥补。

3. 青年干部占比低

青年干部匮乏是乡村振兴面临的一项难点问题。以秩堂镇毗塘村为例，全村干部中青年干部比例仅为 20%，且青年干部年龄在 35—40 岁，而领导班子人均年龄在 55 岁。习近平总书记在全国组织工作会议上强调要大力培养年轻干部，特别是注重培养在基层一线和困难艰苦地方的年轻干部。随着年龄的增长，村内干部特别是领导干部难免会出现力不从心的状况，在工作方式、工作思路上也会不及年轻干部，在如今的大数据时代，“互联网+”发展迅速，更加需要年轻干部的融入。

4. 人才输入阻碍多

乡村振兴需要人才振兴，而当前秩堂镇在人才输入方面仍然遇到许多困难。一是教育办学有待进一步提高。秩堂镇现有各级各类学校共21所，其中幼儿园10所，小学10所，中学1所。随机对当地初中生就未来志向进行询问，普遍学生都表示对于未来没有明确的目标，在完成九年义务教育后就出门工作，对于进一步升学没有打算。乡村教育目前仍然是我国教育的薄弱环节，没有乡村教育的发展就不能保持乡村振兴的长远发展，秩堂镇作为“学士故里”，拥有众多的历史文化遗产，但在现在的乡村教育发展中没有与当地历史文化相契合。二是大学生人才引进少。大学生作为拥有知识技术的高等教育人才，对于促进农村发展具有重要的推动力，但是农村对大学生的需求与大学生对农村的排斥形成了反向作用力。根据有关基层干部的反映，大学生人才输入农村难的问题主要有这几点的阻碍：首先，基层待遇低。乡镇和农村地区，条件艰苦，待遇较低。同时对于大学生来讲，农村地区婚恋难、升迁难等客观问题也阻碍了大学生进入农村的意愿。其次，大学生自身技能的脱节。大学和基层处于两个不同的地位，大学作为“象牙塔”，对于学生的知识教授以理论为主，而基层是一个实践性极强的社会环境，仅靠课本知识难以应对实际工作，造成了大学生所学不能所用的困境。最后，外界影响因素。受到长期的“精英化”思想影响，当代大学生在面临职业选择时往往以热门职业为主，在进行职业地选择时也以沿海发达城市为第一意愿，而中西部地区则相对靠后，更不必说农村艰苦地区。除此之外，父母、亲戚、同学、老师也会对农村地区的择业选择进行否定。三是职业人才培训力度不足。现在的农业发展逐渐由“传统型”农业向“技术型”农业转变，过去的以长期的农耕经验从事农业生产生活的农民已经不能跟上现代技术发展的脚步。在一方面进行人才的引进的同时，一方面进行内生职业培训就显得尤其重要。

（二）调查建议

针对秩堂镇特色产业发展面临的突出问题，我们提出如下建议：

1. 统筹产业规划，促进上下游联通

农村产业发展一个较大的制约因素就是农村散户居多，产业不能集中化、规模化发展。所以要统筹产业规划，特别是要实现产业上下游的互联互通，形成产业链条，以秩堂镇油菜产业为例，可以采取以下几点措施。一是政府在进行统一指导油菜种植的情况下，还应该注意油菜销售下游的管理，要与有关企业、部门合作，成立农业合作社，对油菜的统购统销进行管理，解决现在生产制作没有统一标准的现状，通过质量检测，将菜籽油的销售渠道从小餐馆转向机关、学校等大采购渠道。二是要积极创设品牌，打造属于秩堂的名片，以当地脐橙发展为借鉴，以“商标＋农产品”的模式，扩大菜籽油知名度，与同类乡镇形成竞争力。三是要延伸油菜产业链，实现油菜多用途利用。油菜产品目前主要以初级加工为主，而其肥用、密用没有得到充分的利用和发展。秩堂镇种植油菜品种为双低油菜，被称为“最健康的油”，因此可以在油菜种植的同时发展养蜂业，据研究，养蜂业与油菜产业相互结合能够提高蜂蜜质量和油菜产量。所以，政府要对油菜进行“菜—花—油—蜜—肥”的全产业链开发，加大政策支持和宣传教育，注重种植指导，让农户掌握油菜多用途开发模式。

2. 强化人才支撑，激发人才创新力

《乡村振兴战略规划（2018—2022 年）》中专设一章《强化乡村振兴人才支撑》，提出实行更加积极、更加开放、更加有效的人才政策，推动乡村人才振兴，让各类人才在乡村大施所能、大展才华、大显身手。一是要大胆任用年轻干部。青年兴，则国兴，面对日益快速的社会变化，老龄干部已经跟不上社会发展的步伐，大数据、互联网、智能技术等需要优秀的年轻人带入基层。当地党委和政府要不断从优秀选调生、优秀村干部、大学生村官、驻村第一书记、乡镇事业编制单位中发现人才、选拔人才，要将这些优秀的青年人才选拔进入乡镇领导班子成员，让基层干部系统注入新鲜血液，换发持久活力。要贯彻落实中共湖南省委办公厅、湖南省人民政府办公厅下发的《拓展基层干部晋升通道实施方案》《提高基层干部待遇实施方案》《促进人才向基层流动实施方案》《切实减轻基层负担实施方案》，打消基层干部的各方忧虑，为基层干部一心一意工作提供良好的外部环境。二是要鼓励社会人才投身乡村建设。政府要积极创设条件，建立健全人才激励机制，发挥乡情纽带引导、支持、鼓励企业家、党政干部、专家学者、医生教师、律师、大学生等，以产业投资、政策建议、医疗服务、法律援助、志愿服务等多种形式共同服务乡村振兴事业。要更加支持“三下乡”大学生暑期社会实践活动，让大学生了解基层、服务基层、热爱基层，为乡村事业发展奠定人才基础。要积极与高校、科研机构等加强联系，构建人才长期交流机制，为乡村事业发展提供源源不断的动力。三是要培育新型职业农民和农业专业人才。培养新一代爱农业、懂技术、善经营的新型职业农民是促进乡村振兴的内在基础，要弹性开展农民职业培训所，帮助农民学习新知识，掌握新本领，运用新技术。要创新培训教育方式，既要“坐得下来”，也要“走得出去”，不仅要进行理论的讲解，更要符合农民习惯，走进田间地头实际操作。要与农科院校加强联系，形成农科专业学生与农民的双向互动，即将专业知识教授给农民，也要讲实际经验反馈给学生，相互促进，共同进步。四是要加强基层减负力度，释放基层活力。2019 年是“基层减负年”，但在实际走访调查中，部分干部仍表示减负力度不大，仍需要花费大量时间迎接检查、编写材料等。因此，要不折不扣地将中央有关减负精神贯彻到底，真正地释放出基层干部的活力，走出机关，贴近群众。

3. 深化思想认识，监督工作真落地

打造乡村特色产业，实现乡村产业振兴的目标必须要坚持党的领导，要深入贯彻习近平新时代中国特色社会主义思想，始终坚持问题导向，运用系统性思维规划全局。一是强化党委、政府主体责任。各级党委书记要做好“掌舵手”的角色，基层一线党支部书记要做好“前线指挥”的角色，要坚持和发扬民主集中制，在推进乡村特色产业发展过程中遇到的重大问题、重大事项要由党支部充分讨论，并及时上报，确保所有决策科学合理。二是强化法治保障。各级党委和政府要善于运用法治思维和法治方式推进工作，要将国家涉及的有关土地、投资、产权等法律法规执行好、宣传好，让农民依靠法律手段合理正当的保护自身利益，要规范基层执法人员的执法方式，针对农民自身文化素养和法律水平不够高的现状，尽量通过宣传引导、细心讲解等方式帮助农民自我反省，提高认识。三是强化社会力量参与。一方面党委和政府要搭建好协商平台，主动邀请各民主党派、无党派人士、工商联、工会、妇联、共青团等进行决策咨询，要积极同农民代表、返乡代表、大学生、科技人才等群体进行沟通，要积极同基层一线干部联络，了解基层真实情况。多措并举，形成政府、市场、社会协同的产业发展机制。

五、本组成员在调查过程中的收获和体会

梁国庆：通过此次的社会实践调查，我深切感受到了产业对于实现乡村振兴的重要性，2020 年是决战决胜全面建成小康社会的收官之年，即将实现第一个百年目标，在朝着建设成为社会主义现代化强国的第二个百年目标上，实现乡村振兴必定是一个重要的环节。通过互联网以及现在越来越便利的政务服务平台，我们收集了大量的当地油菜产业、旅游产业方面的资料，为撰写本报告提供了翔实的资料支撑。最后，通过这次调查，也呼吁同学们关注乡村，走入乡村，用自己的专业去建设美丽乡村。

李景媛：在此次社会实践活动中，我们对茶陵县秩堂镇进行了一定程度的考察和了解，深刻了解到乡村振兴、产业带动发展的效果和其现实意义，实现乡村振兴是我国建设社会主义现代化强国不可或缺的步骤，只有在建设好美丽乡村，带动乡村经济发展的前提下，才能推动整个社会的经济及各个方面的发展。通过这次的社会实践活动，我们收集和整理了大量与农村现行发展情况的数据和资料，对农村经济等方面的发展也有了更加深入地了解，为本次调查研究提供了基础支持。

王启灿：本着更加深入了解农村，希望能帮助农村的目的，我参加了这次的社会实践调查。据我们了解，政府在民生方面的投入越来越大，而且新农村建设的步伐也越来越快，特别是在党和国家的关怀下，医疗方面实行农村合作医疗，农业方面早已免除农业税，国家为鼓励农民种粮，还推出很多

补贴，像农机补贴、粮种补贴等。通过这次社会实践活动，我了解了农村的各方面情况，有了深刻的感触，这不仅是一次实践，更是一次宝贵的人生经历。

王泊远：通过此次的实践调查，我深刻感受到了基层工作开展的不易与基层百姓对美好生活的追求，同时也看到了党的干部与人民团结一心，艰苦奋斗，不畏艰难险阻建设祖国的伟大精神。建设社会主义现代化强国绝非一朝一夕的事情，我们必须一步一个脚印，脚踏实地的前进。在保持信心、昂首奋进的同时，我们也应该正视在扶贫工作、小康建设工作等重大战略进程中，当今人民在社会生活中所反映出来的一些问题，必须坚持以问题为导向，才能解决问题，才能够让我们稳步地向着梦想前进。

指导老师意见

调研小组长期关注“三农”问题，理论基础扎实，在深入调查研究的基础上，全面总结了秩堂镇特色产业发展成就与经验，深入剖析了秩堂镇特色产业发展面临的主要瓶颈，并重点从产业振兴和人才支撑的高度提出对策建议。调研报告问题意识突出，结构合理，观点鲜明，对策具体。

周初开

长沙本科院校大学生乡村就业意愿调查

<table>
<tr><td colspan="2">学院</td><td>经济管理学院</td><td>班级</td><td>2019 级旅游管理 3 班</td><td>组长</td><td>李诗睿</td></tr>
<tr><td rowspan="6">小组主要成员</td><td>序号</td><td>姓名</td><td colspan="4">小组分工</td></tr>
<tr><td>1</td><td>李诗睿</td><td colspan="4">组织分工、设计问卷、撰写调查报告</td></tr>
<tr><td>2</td><td>刘钰婷</td><td colspan="4">查找资料、发放问卷</td></tr>
<tr><td>3</td><td>陈盼盼</td><td colspan="4">数据整理分析、调查报告撰写</td></tr>
<tr><td>4</td><td>陈瑞祥</td><td colspan="4">数据整理分析、调查报告撰写</td></tr>
<tr><td>5</td><td>谭艺</td><td colspan="4">调查报告撰写、PPT 制作</td></tr>
</table>

一、调查目的和意义

（一）调查目的

党的十九大报告提出实施乡村振兴战略，乡村振兴战略实施过程中离不开人才资源的支持，因此，大学生回乡发展与乡村振兴战略的实施具有高度契合的内在逻辑。通过问卷调查的形式，了解当前长沙市本科院校在校大学生对于乡村就业的看法、乡村就业的态度和当前大学生回乡发展面临的主要问题。力图通过政府、社会、高校、家庭以及大学生等多元主体共同努力，助推乡村振兴。

（二）调查意义

大学生回乡创业不仅是创造就业岗位、缓解就业压力的重要途径，而且是政府解决“三农”问题的有效政策补充，更是以人为本科学发展观在大学毕业生群体中的具体运用。如何扶持大学生回乡创业，对解决当前大学生就业和振兴农村经济具有十分重要的意义。

近些年来，“三农”问题的关注度逐渐增加。农村教育，尤其是农村高等教育问题逐步凸显了其重要性。高等教育对“三农”服务成效的体现是农村大学生的出路问题。而大学生返乡贡献则是最直接有效地促进农村发展的方式。为吸引毕业生返乡创业、做大学生村官，各地纷纷实施了各种优惠政策。越来越多的农村有志青年把发展目光投向了家乡，毕业返乡贡献。为了了解目前在校大学生毕业乡村就业的意愿，从而大体上预测未来几年内高等教育给农村带来的影响，并分析存在的问题和解决方案，我们针对长沙各本科院校的大学生进行了调查分析。

二、调查方法及具体实施步骤

（一）调查方法

1. 文献调查法：查阅相关资料、文献、学术专著；

2. 问卷调查法：线上电子问卷调查。

（二）具体实施步骤

1. 经过组内成员的讨论和指导老师的指导，确定调查主题；

2. 进行相关理论学习，在网上查阅相关资料，分析归纳整理资料；

3. 确定线上问卷、线下访问方案；

4. 设计相关调查问卷；

5. 线上发放问卷；

6. 对收集的信息进行汇总、归纳、整理和分析；

7. 撰写调查报告。

三、调查内容（调查过程中获得的材料及数据）

（一）调查工作概况

1. 2020 年 12 月 10 日，收集应届毕业大学生乡村就业的相关资料，整理文稿。

2. 2020 年 12 月 11—12 日，制作调查问卷。

3. 2020 年 12 月 13—16 日，发放调查问卷。

4. 2020 年 12 月 17—19 日，对采集的数据进行分析，撰写调查报告。

（二）调查问卷

关于长沙本科院校大学生乡村就业意愿调查问卷

1. 您的性别是（　　）［单选题］

A. 男　　B. 女

2. 您所在的年级是（　　）［单选题］

A. 一年级　　B. 二年级　　C. 三年级　　D. 四年级

3. 您当前对自己学习成绩的评价是（　　）［单选题］

A. 优秀　　B. 良好　　C. 合格　　D. 不合格

4. 您来自（　　）［单选题］

A. 城市　　B. 农村　　C. 城镇

5. 如果您来自农村，是否会考虑返乡就业（　　）［单选题］

A. 是　　B. 否

6. 如果您来自城市或城镇，是否会考虑下乡就业（　　）［单选题］

A. 是　　B. 否

7. 如果您来自农村，您认为促使您返乡就业的原因有（　　）［多选题］

A. 家乡归属感　　B. 乡村生活压力小　　C. 提升家乡经济的责任心

D. 乡村就业形势良好　　E. 其他

8. 您认为阻碍您回乡就业的原因有（　　）［多选题］

A. 经济水平落后　　B. 基础设施落后　　C. 工资水平低下

D. 生活方式落伍　　E. 发展空间小　　F. 其他

9. 您认为当前自己在人才市场中的竞争力（　　）［单选题］

A. 强　　B. 较强　　C. 一般

D. 较差　　E. 差

10. 您是否会围绕您的专业择业、就业（　　）［单选题］

A. 是　　B. 否

11. 您认为当前的就业形势是（　　）［单选题］

A. 形势好，没有压力　　B. 形势较好，压力不大

C. 形势较严峻，比较困难　　D. 形势严峻，很困难

12. 您对毕业后第一份工作的月工资期望是（　　）［单选题］

A. 2000 元以下　　B. 2000—5000 元

C. 5000—8000 元　　D. 8000 元以上

13. 您父母期盼您的就业所在地是（　　）［单选题］

A. 一线城市　　B. 二、三线城市

C. 城镇　　D. 乡村

14. 您在择业时最先考虑的三个因素是（　　）［多选题］

A. 工作地点　　B. 薪酬福利　　C. 个人发展机会　　D. 专业对口

E. 工作单位性质及规模　　F. 工作环境　　G. 自身性格和兴趣

H. 父母意见　　I. 工作稳定性　　J. 其他

15. 相对于乡村就业，您认为城市就业困难的原因是（　　）［多选题］

A. 房价太高　　B. 当地习俗难以适应

C. 难以找到合适的工作　　D. 生活开销太大

16. 如果您有意向去农村创业，您会选择哪些创业项目（　　）［多选题］

A. 传统农业　　B. 生态产业　　C. 休闲农业（农家乐）

D. 农产品加工业　　E. 制造业　　F. 小型服务业　　G. 其他

17. 您的专业是（　　）［单选题］

A. 文史哲　　B. 理科　　C. 工科　　D. 商科

E. 医学农科　　F. 艺术体育　　G. 师范教育

18. 您觉得家乡对大学生回乡就业政策的宣传力度（　　）［单选题］

A. 非常好　　B. 比较好　　C. 一般　　D. 较差

19. 您希望回乡就业的优惠政策有（　　）［多选题］

A. 工作分配　　B. 提供补助金　　C. 提供安家费

D. 公务员优惠　　E. 税收优惠　　F. 其他

20. 您身边是否有返乡就业的大学生（　　）［单选题］

A. 有　　B. 没有　　C. 不清楚

21. 什么情况下您会到农村创业（　　）［多选题］

A. 家乡需要　　B. 找不到工作　　C. 好的政策支持

D. 发现明确商机　　E. 家乡状况好　　F. 其他

22. 面对就业难，您是否愿意下基层工作（　　）［单选题］

A. 正有这个打算　　B. 实在找不到工作就去

C. 考虑暂时工作一段时间　　D. 不愿意

23. 您认为在呼吁大学生回乡就业的行动中，起主导作用的是（　　）［单选题］

A. 政府　　B. 学校　　C. 企业　　D. 学生自身

24. 您认为长沙市现在最需要开展哪项工作可以让大学生了解“三农”政策（　　）［单选题］

A. 加强服务“三农”宣传教育　　B. 鼓励学生假期深入农村实践

C. 开辟农村实践基地　　D. 加强国家对大学生到农村就业政策的宣传

E. 其他

（三）调查数据

本次调查以长沙市本科院校大学生为主要对象，共发放调查问卷 130 份，有效回收调查问卷 130 份。调查对象中，女生共 56 人，占 56.92%，男生共 74 人，占 43.08%；一年级、二年级、三年级、四年级的学生占比分别为 14.62%、48.46%、7.69%、29.23%；来自城市、农村、城镇的学生占比分别为 28.46%、56.15%、15.39%；文史哲、理科、工科、商科、医学农科、艺术体育、师范教育等专业的学生分别占 8.93%、21.43%、21.88%、27.23%、9.82%、3.57%、7.14%。

关于当前对自己学习成绩的评价，有 19.23% 的大学生认为是“优秀”，46.15% 的大学生认为是“良好”，32.31% 的大学生认为是“合格”，认为“不合格”的仅占 2.31%。在来自农村的学生中，有 50.68% 的学生会考虑返乡就业，49.32% 的学生不会考虑返乡就业。在来自城市的学生中，会考虑下乡就业的占 40.35%，不会考虑下乡就业的占 59.65%，下乡就业意愿明显低于来自农村的学生。关于大学生返乡就业的原因，选择“家乡归属感”的占 45.74%，选择“乡村生活压力小”的占 58.51%，选择“提升家乡经济的责任心”的占57.45%，选择“乡村就业形势良好”的占40.43%，选择“其他”的占22.34%。关于阻碍回乡就业的原因，选择“经济水平落后”的占58.46%，选择“基础设施落后”的占71.54%，选择“工资水平低下”的占64.62%，选择“生活方式落伍”的占“49.23%”，选择“发展空间小”的占63.08%，选择“其他”的占18.46%。关于大学生对自己在人才市场中竞争力的评价，7.69%的大学生认为“强”，25.38%的大学生认为“较强”，54.62%的大学生认为“一般”，10%的大学生认为“较差”，2.31%的大学生认为“差”。关于是否会围绕本专业择业、就业，76.15%的大学生持肯定回答，23.85%的大学生持否定回答。关于当前的就业形势，6.92%的大学生认为“形势好，没有压力”，31.54%的大学生认为“形势较好，压力不大”，53.08%的大学生认为“形势较严峻，比较困难”，8.46%的大学生认为“形势严峻，很困难”。关于对毕业后第一份工作月工资的期望，选择“2000元以下”的占3.08%，选择“2000—5000元”的占56.15%，选择“5000—8000元”的占33.85%，选择“8000元以上”的占6.92%。关于父母所期盼的就业所在地，选择“一线城市”的占46.15%，选择“二、三线城市”的占36.92%，选择“城镇”的占12.31%，选择“乡村”的只占4.62%。关于在择业时最先考虑的三个因素，选择“薪酬福利”的占70.77%，选择“个人发展机会”的占60.77%，选择“工作地点”的占51.54%。关于相对于乡村就业而言城市就业困难的原因中，认为“房价太高”的占68.46%，认为“当地习俗难以适应”的占36.92%，认为“难以找到合适的工作”的占60.77%，认为“生活花销太大”的占68.46%。关于去农村创业，选择“休闲农业（农家乐）”项目的占66.15%，选择“生态产业”项目的占57.69%，选择“小型服务业”项目的占40%，而选择“传统农业”项目的仅占20%，选择“农产品加工业”项目的只有30%。关于家乡对大学生回乡就业政策的宣传力度，9.38%的大学生认为“非常好”，40.63%的大学生认为“比较好”，42.41%的大学生认为“一般”，7.58%的大学生认为“较差”。关于回乡就业的优惠政策，希望“工作分配”的占24.93%，希望“提供补助金”的占39.78%，希望“提供安家费”的占37.25%，希望“公务员优惠”的占35.85%，希望“税收优惠”的占27.73%，希望“其他”优惠的占9.52%。有关于身边是否有返乡就业的大学生，回答“有”的占26.34%，回答“没有”的占32.59%，回答“不清楚”的占41.07%。关于什么情况下会到农村创业，选择“家乡需要”的占14.29%，选择“找不到工作”的占22.69%，选择“好的政策支持”的占44.26%，选择“发现明确商机”的占41.74%，选择“家乡状况好”的占18.21%，选择“其他”的占6.72%。

关于面对就业难是否愿意下基层工作，表示“正有这个打算”的占12.05%，表示“实在找不到工作了就去”的占38.84%，表示“考虑暂时工作一段时间”的占34.38%，表示“不愿意”的占14.73%。关于在大学生回乡就业起主导作用的方面，选择“政府”的占43.75%，选择“学校”的占23.66%，选择“企业”的占14.73%，选择“学生自身”的占17.86%。

关于长沙市现在最需要开展哪项工作可以让大学生了解“三农”政策，选择“开辟农村实践基地”的占16.07%，选择“鼓励学生假期深入农村实践”的占37.05%，选择“加强服务‘三农’宣传教育”的占16.96%，选择“加强国家对大学生到农村就业政策的宣传”占23.66%，选择“其他”的占6.26%。

四、调查结论与建议

（一）调查结论

据教育部的数据显示，2020届高校毕业生有874万人，同比增长40万人，加之经济下行压力以及往届未就业人数的叠加，大学生就业形势较为严峻。因此，应积极引导大学生去基层就业，注重就业中个人价值与社会价值的实现，要把自己的小我融入祖国的大我、人民的大我之中，与时代同步伐、与人民共命运。引导大学生回乡不仅仅是缓解大学生就业难的现实诉求，更是关乎民族复兴和乡村振兴的大事。大学生回乡发展既有助于解决乡村人才短缺的难题，又是实现自身理想抱负、增长才干的务实选择。那么，如何使大学生扎根农村，赓续初心，则需要政府与社会等多方力量共同努力，为大学生回乡发展创造一个适宜的环境。根据问卷调查，我们总结出大学生回乡就业意愿的基本情况：

1. 回乡就业意愿的主要原因。有近50%以上的同学在家乡归属感强烈、乡村就业压力小和就业机会比以前多等多种原因的共同作用下有返乡就业的意愿；城市的就业形式较严峻、房价太高、生活开销大、一定程度上的高消费低收入以及难以找到合适的工作、竞争压力大是导致一部分大学生回乡就业或创业的原因之一

2. 回乡就业的主要障碍。乡村的基础设施较差、经济水平落后、工资水平低下、生活方式落伍、发展空间小等是阻碍部分大学生回乡就业的主要因素。在选择就业时，大学生考虑的主要因素是薪酬福利、个人发展机会、工作地点等方面，有近50%的同学选择工作地点为一线城市，选择在三线城市以上工作的同学超过了80%，即大学生在选择就业时偏向于有利自身发展的条件。目前来说，来自城市的大学生愿意到乡村就业的人数比例较小，主要原因是乡村的就业环境对高知识人才的吸引力不足，难以吸引外来的高知识劳动力。毕业大学生对其第一份工资的期望与乡村工资水平的不对等，加上大部分父母期望孩子的就业地在城市，这也成了大学生乡村就业的一大“拦路虎”。

3. 回乡就业的主要方向。大学生在乡村创业类型选择时，大多会选择生态农业、休闲农业、小型服务业、制造业，选择传统农业的大学生人数较少。在好的政策支持、发现明确商机、找不到工作的情况下，部分大学生会倾向于选择到农村创业，部分大学生在面临就业难题时或实在找不到工作时才会愿意下基层。

长沙市本科院校中填写本问卷的大部分大学生认为，政府在呼吁大学生回乡就业行动上应起主导作用，学校应当发挥主要宣传作用，同时学生自身也应当正确认识回乡就业问题。学校在假期鼓励学生深入农村实践，政府加强国家对大学生到农村就业政策的宣传，更有助于大学生深刻了解“三农”政策。

（二）调查建议

大学生从有意愿回乡发展到真正扎根乡村，需要多方面力量共同构筑大

学生回乡发展的支持系统。该系统的主体包含大学生自身、政府、乡村、家庭以及高校等。

1. 大学生应当转变就业观念，正确看待返乡就业，转变原有的传统思想，树立为家乡服务的意识，务实择业。长期以来，很多大学生把“高薪、白领、大城市”当成其择业的基本条件，期望值偏高，自身定位不准，没有切合实际的职业规划。因此，政府和社会应积极引导，大力宣传正确的择业观，帮助大学生成功就业。

2. 政府应该鼓励大学生返乡就业。当地政府部门应该出台相关的鼓励政策，在生活与就业方面给予相关的支持，通过补贴金、当地的消费优惠等多种方式来支持大学生返乡就业。政策支持要有可操作性和激励性，从当前情况来看，有些基层部门不能有效执行政策，敷衍塞责，无法提供有效便捷的服务，打击了大学生回乡发展的积极性。

3. 农村应健全社会保障体系建设，更新发展观念，为大学生提供良好的创业就业环境。我国目前建立的就业保障主要限于城镇，在农村地区仍是一个空白。随着农村经济的发展和市场化程度的提高、城市化进程的加快，农村对建立和完善就业的要求日益迫切起来，应当建立起以自助型为主导、救助型为底线的就业保障体系，为大学生在农村工作解决后顾之忧。

4. 家庭应当转变观念。部分家庭对大学生回乡发展存在误解，认为这是一种“没出息”的表现，且收益存在不确定性，因而得不到家庭的支持。建议通过政府宣传、政策扶持等多种手段引导家庭转变就业观念。

5. 高校要健全对回乡发展大学生的追踪回访制度建设。高校对回乡发展大学生开展回访，有助于深化高校教育教学改革、提高教育质量、提升大学生就业创业指导与服务水平。高校应关注回乡发展大学生的项目规划，真正做到“送上马”和“扶一程”。

五、本组成员在社会调查过程中的收获和体会

李诗睿：通过这次调研活动，我收获了许多从书本上无法学习到的知识。纸上得来终觉浅，绝知此事要躬行。只有摆脱停留在书本上的刻板印象，通过自己

的亲身实践与调查，才能找到理论与实践最完美的结合点。从确定调查主题、查找相关资料信息等，到制作相关调查问卷、发放问卷，最后根据问卷结果制作反馈图表以及得出相关结论等，调查研究离不开小组成员的集体付出，每一项工作都需要发挥众人之所长，集思广益地提出解决方案。在发放问卷的过程中则更加需要小组成员的共同付出，利用自己的人脉和其他方式来达到有效发放调查问卷的目的，最终得出与研究主题相关的结论。在本次调查中我也发现了大学生对于乡村就业的热情并不高，一方面是农村基础设施建设不够完善、工资水平较低等多方面的问题导致的，另一方面是大学生对于城市的向往程度高，城市从各个方面多元化地吸引大学生就业。国家想要振兴乡村经济，就应该不断地根据农村实际和大学生的需求来制定发展战略和人才吸引战略。此次调研活动使我的实践能力和辩证思维能力都有了一定程度上的提升，在今后的学习中，我会进一步坚持将理论与实践相结合。

陈盼盼：在这次社会调查中，我学习到了许多专业之外的知识，也增加了自己的生活和学习技能。在资料的搜寻过程中，我发现寻找资料也是需要动脑子的，不能一味地乱搜索，要针对选题有目的性的搜索，寻找对自己问卷调查有用的信息。刚开始小组内部在确定选题上有很大的争议，每个人各持己见，磨合了很久，最后在大家的讨论和老师的帮助下确定了选题。组内成员的关系也越来越好，能互相倾听意见并采纳有用的建议，社会调查工作的效率也在多次的讨论中慢慢得到提升。在社会调查中，我不仅学到很多实践知识，为以后的工作积累了经验，提高了自己的知识技能，而且学会与他人沟通，互相分享意见，倾听别人，也提高了自己的社交能力。

陈瑞祥：从调查报告上来看，毕业大学生愿意去乡村就业或者创业的比例不是很理想，只有百分之四十左右的人愿意下乡就业。而毕业大学生下乡就业对推动农村经济进步以及农村整体素质的提高具有很大意义。调查对象分别来自农村和城镇，很明显，来自农村的大学生毕业回乡就业的可能性要大，他们大多是抱着改变家乡经济状态的目的回乡就业或者创业，同时农村就业环境以及开支的压力要远小于城市。

谭艺：在此次社会调查中，我不仅学会了制作问卷以及整理资料的方法，也学会了如何去有技巧的发放问卷。在问卷的制作过程中，不仅要考虑到问题之间的关联程度，也要考虑到被调查者的意愿程度。同时，在数据分析整理阶段，我也明白了团队合作的重要性，这能大大提升小组内的工作效率，同时也能起到互补的作用。在调查过程中，我发现有些问题并不能想当然，通过一系列的调查数据才能支撑我们的观点，正所谓实践才是检验真理的唯一标准。这为我以后进入社会奠定了一定的基础，教会了我应该如何去了解、认识社会，并通过这种方法努力去解决思想困惑和现实问题。

刘钰婷：在这次实践活动中，我与其他四名同学一起分工合作，展开调查。经过这次调查活动，我对大学生毕业后乡村就业有了更多的了解。大学生回乡就业一方面解决了大学生就业难的问题，另一方面加快了乡村振兴的步伐，体现了新时代大学生的责任担当。乡村振兴是民族复兴的必由之路，经过这一次调查，让我更深刻地了解到了大学生毕业后去乡村就业的相关政策，也让我更明确了自己的就业规划。经过这次调查活动，我从中学习到了很多东西。平常坐在教室里，我们大多数时间都是在学习理论知识，而在这次调查活动中，我们将在书本上学习到的东西运用到了实践中去，将理论与实践结合了起来。

指导老师意见

调查选题具有较强的现实意义，调查报告逻辑严密，主题突出，数据翔实，围绕当前大学生回乡就业面临的现实问题，提出了构筑大学生回乡发展支持系统和多元主体协同机制等创新性观点，为乡村人才振兴提供了合理的对策建议。

刘希良　侯旭平

大学生参与乡村支教活动意愿调查

<table>
<tr><td colspan="2">学院</td><td>外国语学院</td><td>班级</td><td>2017 级商务 1 班</td><td>组长</td><td>章子怡</td></tr>
<tr><td rowspan="6">小组主要成员</td><td>序号</td><td>姓名</td><td colspan="4">小组分工</td></tr>
<tr><td>1</td><td>章子怡</td><td colspan="4">总体规划设计、撰写调查报告</td></tr>
<tr><td>2</td><td>廖柳鸣</td><td colspan="4">资料收集、采访</td></tr>
<tr><td>3</td><td>陈义杰</td><td colspan="4">问卷调查、数据统计</td></tr>
<tr><td>4</td><td>姚珂玛</td><td colspan="4">数据分析、对策研究</td></tr>
<tr><td>5</td><td>李彤</td><td colspan="4">数据分析、对策研究</td></tr>
</table>

一、调查目的和意义

（一）调查目的

当今，我国中西部经济较落后地区的许多农村中小学还严重缺乏师资力量，党的十八大以来，越来越多的大学生参加国家支持贫困山区教育计划，扎根农村基层教书育人，写下了充满激情和奋斗的人生篇章，为广袤的农村带去了无尽的生命力，为偏远地区的孩子带去了希望。除此之外，每年暑假期间，很多高等院校都会安排优秀的学生到教育条件相对落后的地区进行支教。支教不仅对于大学生来说是一件锻炼自我的好事情，而且对于当地的学生来说更是学习生涯中不可抹去的一笔色彩。本调查小组以长沙学院为例，对当今大学生参加支教活动意愿进行调查，目的在于全面把握大学生支教的现状与动因，分析影响当今大学生参加支教活动意愿的重要因素，从而帮助高校在组织支教活动时更好地制定计划，增强大学生支教活动进行的可行性，提高大学生支教活动的影响力。

（二）调查意义

1. 此项调查有助于大学生更好地了解国情，增强社会责任感，明晰在乡村振兴中的角色和责任。大学生支教能够锻炼大学生的毅力，在经济条件较落后的地区没有空调，没有冷饮，甚至有可能连水都很少，能否留在物质条件匮乏的环境中进行支教，是对大学生的一大考验，也是大学生锻炼自我能力的重要途径。

2. 此项调查有助于帮助大学生进行正确的人生选择，为乡村振兴提供人才保障和动力支持。大学生支教是为了支持落后地区的教育事业。大学生支教的意义就是改善偏远山区的教育情况，让那里的孩子能像城市里的孩子一样接受教育，用知识来改变自己的命运。此项调查有助于为大学生职业选择提供对策建议，使大学生在实现自我价值的同时实现社会价值。

二、调查方法及具体实施步骤

（一）调查方法

1. 文献研究法

2. 问卷调查法

设计调查问卷，利用问卷星 App 线上发布电子调查问卷，同时线下发放纸质调查问卷，调查长沙学院学生乡村支教活动意愿情况。

3. 访谈法

通过线上、线下两种方式采访长沙学院参加过支教活动的学生，了解他们对支教活动的认识和看法。

（二）具体实施步骤

1. 准备阶段：确定调查主题，明确调查目的，设计问卷调查及采访文稿。

2. 调查实施阶段：通过问卷星 App 线上转发电子调查问卷；走访校园，线下发放纸质问卷；采访相关人员，调查人员做相关记录或摄影记录。

3. 研究与分析阶段：将收集的信息进行汇总、归纳整理和分析。

4. 总结阶段：整理调查结果，撰写社会调查报告，并制作汇报 PPT。

三、调查内容（调查过程中获得的材料及数据）

（一）调查工作概况

1. 2019 年 5 月 17 日，收集相关资料，整理文稿。

2. 2019 年 5 月 18 日，转发网络调查问卷。

3. 2019 年 5 月 19 日，在长沙学院发放纸质问卷调查。

4. 2019 年 5 月 20 日，线上线下采访。

5. 2019 年 5 月 21 日，整理采访照片、视频。

6. 2019 年 5 月 23 日，对采集的数据进行分析，撰写调研报告。

（二）调查问卷

关于大学生支教意愿的调查

1. 您的性别是（　　）[单选题]

A. 男　　B. 女

2. 您的年级是（　　）[单选题]

A. 一年级　　B. 二年级　　C. 三年级　　D. 四年级　　E. 已毕业

3. 您的专业是（　　）[填空题]

4. 您是否愿意参加支教活动（　　）[单选题]

A. 是　　B. 否　　C. 暂时不确定

5. 您不愿意参加支教活动的原因包括（　　）[多选题]

A. 假期有其他安排　　B. 不打算从事教育有关行业

C. 影响学习时间　　D. 支教地区大度生活条件艰苦，基础设施较差

E. 不喜欢与小孩子相处

6. 您为什么想参加大学生支教活动（　　）[多选题]

A. 增加自我知识储备与教育经验　　B. 增加自我人脉和社会经验

C. 增加对现代社会状况的感知　　D. 丰富假期生活

E. 收获相关证明或证书，丰富履历

7. 您觉得参加大学生支教活动的意义有（　　）[多选题]

A. 暂时改善支教地区学校师资　　B. 改善农村儿童的教育现状

C. 培养未来社会所需的优秀人才，持续推动教育公平

D. 推动中国社会发展

8. 您是否了解过支教的相关政策（　　）[单选题]

A. 非常了解　　B. 一般　　C. 完全不了解

9. 您能接受的支教类型有（　　）［多选题］

A. 长期支教（一年及一年以上）　B. 接力支教（一学期）

C. 假期支教（一般为寒暑假或周末）

10. 您愿意去支教的地区有（　　）［多选题］

A. 家乡所在省份　　B. 大学所在省份

C. 中部地区　　E. 西部地区

11. 您更愿意通过以下哪些途径参加支教活动（　　）［多选题］

A. 本校组织的支教活动，如暑期“三下乡”支教活动等

B. 国家官方支教途径，如团中央教育部等发起的“大学生志愿服务西部计划”

C. 个人发起的组织

（三）调查数据

参与本次调查问卷的共 62 人，其中男性 13 人，占比 20. 97%；女性 49 人，占比 79. 03%。16 人为一年级学生，占比 25. 81%；30 人为二年级学生，占比 48. 39%；11 人为三年级学生，占比 17. 74%；3 人为四年级学生，占比 4. 84%；2 人为毕业学生，占比 3. 23%。38 人表示愿意参加支教活动，占比 61. 29%；5 人表示不愿意参加支教活动，占比 8. 06%；19 人表示暂时不确定，占比 30. 65%。在不愿意或不确定参加支教活动的 24 人中，21 人次因为假期有其他安排，占比 87. 5%；12 人次因为不打算从事教育有关行业，占比 50%；1 人次因为影响学习时间，占比 4. 17%；8 人次表示因为条件艰苦，占比 33. 33%；4 人次因为不喜欢与小孩子相处，占比 16. 67%。关于参加大学生支教活动的原因，46 人次希望增加自我知识储备与教育经验，占比 74. 19%；32 人次希望增加自我人脉和社会经验，占比 51. 61%；38 人次希望增加对现代社会的认知，占比 61. 29%；40 人次希望丰富假期生活，占比 64. 52%；42 人次希望收获相关证明与证书、丰富履历，占比 67. 74%。

对于参加支教活动的意义，48 人次认为在于能暂时改善支教地区学校师资，占比 77. 42%；42 人次认为在于能改善农村儿童的教育现状，占比 67. 74%；42 人次认为在于培养优秀人才，持续推动教育公平，占比

67.74%；28 人次认为在于推动中国社会发展，占比 45.16%；1 人次没有填写，占比 1.61%。对于是否了解过支教的相关政策 1 人表示非常了解，占比 1.61%；46 人表示一般了解，占比 74.19%；14 人表示完全不了解，占比 22.58%；1 人没有填写，占比 1.61%。对于能接受的支教类型，4 人次表示为长期支教（一年及一年以上），占比 6.45%；22 人次表示认同接力支教（一学期），占比 35.48%；53 人次表示接受假期支教（一般为寒暑假或周末），占比 85.48%。关于支教的地区，50 人次表示愿意去家乡所在省份支教，占比 80.65%；33 人次表示愿意去大学所在省份支教，占比 53.23%；19 人次表示愿意去中部地区支教，占比 30.65%；14 人次表示愿意去西部地区支教，占比 22.58%。关于参加支教活动途径，36 人次表示愿意参加学校组织的支教活动，如暑期“三下乡”支教活动等，占比 58.06%；24 人次表示愿意参加国家官方支教，如团中央教育部等发起的“大学生志愿服务西部计划”，占比 38.71%；1 人次表示愿意参加个人发起的组织支教，占比 1.61%。

四、调查结论与建议

（一）调查结论

此次调查，我们共收集到了线上线下问卷共 62 份，问卷填写者均为长沙学院学生，其中男性占比 20.97%，女性占比 79.03%；一年级学生占比 25.81%，二年级学生占比 48.39%，三年级学生占比 17.74%，四年级学生占比 4.84%，已毕业学生占比 3.23%。通过综合分析调查数据与采访情况，得出如下结论：

1. 大学生对参加支教活动的意愿整体较强。调查发现，明确有参加支教活动意愿的人数占调查人数的 61.29%，暂时不确定的占 30.65%，不愿意参加支教活动的占 8.06%。

2. 大学生不愿意参加支教活动的主要原因有：

（1）假期有其他安排。

（2）不打算从事教育有关行业。

（3）支教地区大多生活条件艰苦，基础设施较差。

3. 大学生对一些支教活动的相关政策了解并不够。调查显示，非常了解支教相关政策的仅占调查人数的 1.61%，大多数人的了解程度为一般，占比 74.19%，完全不了解的占比 22.58%。

4. 大多数愿意去支教的大学生更愿意参加假期支教（一般为寒暑假或周末），大部分同学愿意去的支教地区为家乡或者就读大学所在省份，小部分愿意去到中西部地区。

5. 大部分同学都更愿意参加学校组织的支教活动和国家官方主办的支教活动，少有人愿意参加由个人发起的支教活动。

（二）调查建议

1. 提高大学生参加支教活动的意愿

（1）加大支教宣传力度。

（2）增开各类支教讲座，组织实地考察。

（3）提高福利奖励力度：比如对参加支教活动的大学生给予物质奖励，招聘时企业优先录取，考研院校加分等。

2. 增加大学生支教活动的组织

（1）由权威机构或知名人士发起支教活动，扩大影响力，从而吸引更多大学生了解以及参与支教活动。

（2）各高校、政府机构在组织大学生支教活动时，可以注意以下几点：

其一，支教时间不宜过长，最好不超过 6 个月；其二，支教的时间段可以安排在大学寒暑假期间；其三，因大部分大学生更偏向于去自己学校所在地进行支教，高校在组织大学生支教活动时可与学校附近中小学合作，这样也可以让大学生在无课时间段、周末进行支教。

（3）政府机构在组织大学生支教活动时，应注重保障支教大学生支教期间的安全问题、食宿问题，也可以适当给予参加支教活动的大学生一些政策性补贴、支教证明等，以提高支教大学生的支教热情，扩大支教活动的影响力。

五、本组成员在社会调查过程中的收获和体会

章子怡：近年来我国教育条件在不断改进，然而许多经济落后地区、乡村地区的教育资源不仅硬实力跟不上，软实力中的师资力量也比其他地区薄弱许多。举行大学生支教活动是改善这些地区落后教育条件的重要措施。让大学生参与到支教活动中去，不仅缓解了农村边远地区教师数量不够的问题，还为支教大学生提供了一个为社会做贡献的机会，同时也能让大学生认识我国教育发展不平衡的现状，提升大学生社会责任意识。我们在调查过程中发现，许多大学生是有支教意愿的，即使并不是十分了解参与支教活动的相关福利，他们也愿意为当今社会贡献自己的知识力量。所以，如果支教活动的发起组织能解决支教时间过长、支教地落后的基础设施难以保障支教过程中的基本生活需求、支教期间的安全保障不够等现实问题，进一步提高大学生参加支教活动的意愿，相信支教活动会走进更多大学生的生活。

廖柳鸣：教育这个话题与我们每个人息息相关。优越的学习环境和良好的师资队伍是每个学子所向往、期待的，也是学生全面发展的重要保障。对于一些相对落后和贫穷的山区而言，这显得尤为重要。教师队伍虽然在不断壮大，但乡村的教师仍比较缺乏。就大学生而言，很多人就对参与乡村支教活动持不同意见。大学生有些愿意从事短期的支教活动，有些也愿意从事乡村教育工作。对此，我觉得我们要端正对于乡村支教活动的态度。其一，我们要端正去支教的目的。参与支教活动不是仅仅为了获得证书，更重要的是这是我们内心真心想做的事。其二，我们要摒除个人的偏见。不要只从自身利益出发思考问题，更多的是要把自身发展和社会需求结合起来。其三，我们要正确认识乡村支教的意义。这是一份工作经验，也是个人职业生活的重要体验。总而言之，这次的实践活动对我们有很大的影响，作为英语专业的学生，我们将会充分考虑有关因素，做出正确的职业选择。此外，这次活动锻炼了我们的交往能力和实践能力，增强我们对支教事业的理解，为以后职业选择提供了重要的参考。

陈义杰：根据我们的调查结果显示，大学生对支教活动有或多或少的认

识，并且大部分大学生表示愿意支教。我认为大学生参与支教是一个很好的活动，国家现在也在大力支持大学生支教活动。支教不仅能让我们收获实践成果，更能让我们丰富人生阅历，留下许多难忘的回忆，增加实践经验和能力，这对我们以后的就业发展等都是有好处的。同时，大学生支教还能让支教地区的孩子们接受更好的教育，了解到外面的生活。综上，我认为大学生支教活动是一个十分值得尝试的活动，同时我也希望能有更多的大学生加入支教的队伍，贫困地方教育发展任重而道远，需要我们贡献青春的力量。

姚珂玛：大学生是社会的新生力量，在校大学生利用假期时间去支教，体现了当代大学生的责任与担当。在本次调查中，我们发现大部分同学还是愿意在家乡支教，西部与中部地区的支教志愿相对较少。绝大部分同学支教是抱着服务社会的心情，认为支教活动不仅能回报社会还能提高自身的综合素质。因此国家要加强大学生支教的优惠政策宣传，提高大学生的社会责任感，关注乡村儿童教育，完善教育基础设施建设。

李彤：通过本次社会调查，我们了解到目前大学生对乡村教育的认识大部分来自网络媒体，部分大学生对参与支教活动的热情不够高。乡村教育仍旧存在发展不平衡不充分的问题，乡村教育最缺乏的是长期稳定的师资力量，大部分偏远地区的学生接受的外界知识都是来自短期支教教师。作为当代大学生的我们，要多了解并积极参与乡村支教活动，用实际行动助推乡村教育发展，为乡村振兴贡献自己力量。

指导老师意见

调研小组以长沙学院为例，对大学生参加支教活动意愿度进行调查，调查方法多样，数据资料翔实，全面把握了大学生支教的现状与动因，深刻分析影响当今大学生参加支教活动意愿度的重要因素，并结合大学生实际，提出鼓励大学生支教的合理建议，充分体现了新时代大学生的责任意识和担当精神。

周初开

乡村振兴战略下湖南省特色小镇建设经验研究

学院	法学院	班级	2020 级法学 1 班	组长	张怡凡
小组主要成员	序号	姓名	小组分工		
	1	张怡凡	总体设计、研究性学习报告撰写		
	2	邹雅琪	资料收集、文献综述		
	3	吴柯锐	调查分析、实地考察		
	4	唐超娴	研究性学习成果总结、PPT 制作		
	5	文也夫	研究性学习成果总结、PPT 制作		

一、选题目的和意义

（一）选题目的

近年来，我国特色小镇建设如火如荼，涌现出一批精品特色小镇。截至 2017 年，住建部先后公布了两批国家级特色小镇，共计 403 个，其中湖南省 16 个。这些特色小镇的出现，成了经济高质量发展的新平台、新型城镇化建设的新载体、城乡融合发展的新支点。作为构建农村产业融合发展体系的重要突破口，特色小镇建设必然在全面推进乡村振兴中发挥更大作用。在此背景下，我们小组选定了此选题进行研究。希望通过深入了解乡村振兴战略下湖南省特色小镇建设的重要价值、基本经验等问题，对国家乡村振兴战略和特色小镇建设有更深入的理论认知和实践把握。

（二）选题意义

1. 有助于激励青年大学生主动关注社会、了解国情。本研究既需要深入研究乡村振兴战略，又需要把握特色小镇建设的理论与实践，文献研究和社会调研的双管齐下有利于我们在学校课程的学习之余，更全面地了解社会现实。

2. 有助于深入拓展对特色小镇和乡村振兴的理论认知。不论是乡村振兴还是特色小镇的规划与发展都是新时代我国经济社会建设的新内容。本研究立足乡村振兴视域，通过充分挖掘和总结湖南省特色小镇建设经验，在实践总结中拓展对特色小镇和乡村振兴的理论认知。

3. 有助于为特色小镇发展建设提供参考和借鉴。立足于深入剖析湖南省特色小镇发展现状与基本经验，实践经验的理论总结有助于为未来湖南特色小镇，乃至全国特色小镇建设提供决策参考。

二、选题现有研究情况综述

通过中国知网查找文献发现，自 2015 年来，以特色小镇建设为研究主题的文献呈上升趋势，其原因在于 2013—2014 年浙江省在城镇化发展下提出的非镇非区的多功能创新空间区概念得到党中央的认可与支持，这也是特色小镇概念最初的雏形。2017 年乡村振兴战略提出后，又为特色小镇研究注入了更多动力来源，总体研究数量显著提升。总体来看，相关研究主要集中在四个方面。

（一）特色小镇的内涵界定研究

关于特色小镇的定义，最早提出这一概念的浙江省明确为：相对独立于市区，具有明确产业定位、文化内涵、旅游和一定社区功能的发展空间平台。在此基础上，有学者强调，特色小镇并非是一个单纯的行政区域，也不是一个单一的项目建设，而是要成为农业产业聚集的平台、农产品加工和交易的平台、经济文化资源链接城乡的平台。有学者认为，特色小镇是指独立于城市市区，依托特色产业和特色地域文化，打造具有明确产业定位、丰富文化内涵、鲜明旅游特征以及具备一定社区功能的综合空间单元。

（二）特色小镇的建设现状研究

一是关于特色小镇建设现状的总体研究。学者们普遍认为，特色小镇建设的优势条件是自然景观旖旎秀美，人文景观特色鲜明，生态环境品质优良。关于特色小镇建设的问题，有学者认为，重点产业不突出，人才引进困难，科技创新缺乏，文化内涵单调是制约特色小镇发展的瓶颈；也有学者指出，特色小镇建设中存在行政主管机构责任主体不清、特色小镇概念模糊，产业经济发展滞后的问题。

二是关于特色小镇建设现状的样本研究。有些学者以某一省份或者地区的特色小镇建设为样本，如对湖南省、浙江省特色小镇建设进行单独研究或者进行比较研究，有些学者以某类或者某个特色小镇建设为样本，指出其在特色小镇建设中的得与失。

（三）特色小镇的发展路径研究

学者们立足协调发展、新型城镇化、产城融合等视角提出了特色小镇建设的创新发展路径。徐黎源、颜传津提出了注重形象策划、发展主导产业、塑造历史文化和自然文化等建议。苏斯彬、张旭亮从新型城镇化建设的角度指出，应瞄准新型城镇化的本质要求，着力在人口导入、投资模式、功能环境、政府角色等方面创新思路。杨静华从产业融合的视角指出，要推动农业、工业、服务业三产融合发展，拓展产业链，使特色小镇发展具有可持续性。

（四）特色小镇建设与乡村振兴的关系研究

学者们普遍认为，乡村振兴引领特色小镇建设，特色小镇助力乡村振兴发展。两者的辩证关系具体表现为：乡村振兴战略中的“城乡一体化发展”“基本公共服务均等化”等指导思想，引领特色小镇坚持用现代化、科学化、系统化的方法来整合乡村资源，促进乡村休闲、健康、文化、旅游等产业融合发展。特色小镇建设是实施乡村振兴战略的着力点、支撑点和重要载体，以特色小镇为依托，可以有效整合乡村资源，凸显乡村特色，从而带动整个乡村产业快速发展，提升乡村经济社会发展水平，助推乡村振兴。

综上来看，现有研究对乡村振兴和特色小镇建设均给予了极大关注，但也还存在一定的研究空间。第一，关于乡村振兴战略下的特色小镇建设的实践研究还需要深入推进，以拓展对乡村振兴与特色小镇建设相互关系的深入研究。第二，对湖南省特色小镇建设经验的全面研究还相对不足，还需要加强对乡村振兴战略背景下湖南省特色小镇整体发展模式的深入研究，以更好地指导我们因地制宜地建设好特色小镇，为乡村振兴助力。

三、研究性学习的成果

（一）特色小镇建设在乡村振兴战略中的重要价值

特色小镇为解决城镇化发展中存在的问题提供了新思路，在推动乡村振兴中发挥着重要作用。

1. 优化城乡经济结构。特色小镇具有增强区域有效供给、优化产业生态、提升全要素生产率、改善内外环境、促进产业创新等功能，可以通过新的技术手段和发展模式激活传统产业，通过聚拢高端人才等促进新兴产业发展。

2. 实现乡村有效治理。特色小镇作为城乡间的桥梁，不仅在空间布局上一端连接着城市一端连接着乡村，而且从产业发展、城乡融合、生态保护等方面，将创新、协调、绿色、开放、共享发展理念贯穿其中，并在实践中不断深化，为加强基层治理提供了新的路径。

3. 促进乡村文化振兴。特色小镇建设在挖掘文化要素的过程中，注重对传统文化及其产业进行保护与传承，以各种物质形式为载体，将文化物化，将物化的产品产业化，形成文创产品及产业链，提高了文化影响力，对于继承和发展优秀乡村文化具有重要意义。

4. 改善乡村生态环境。特色小镇建设，注重在区域内进行环境分享、区域间促进环境共建，既关注自然生态，也关注社会生态和文化生态，努力实现“小城镇，大生态”的区域互动，实现“看得见山，望得见水，记得住乡愁”的美好愿景。

（二）湖南省特色小镇建设的巨大成就

湖南省先后出台了《湖南省支持省级特色产业小镇发展的政策意见(2019—2021年)》等文件，从要素支撑、规划引导、资金支持等对特色小镇建设进行重点支持，同时制定特色产业小镇年度考核标准，对特色小镇提出规模水平、吸纳就业等方面的发展指标目标，引导特色小镇健康发展，着力打造了一批形态小而美、产业特而强、功能聚而合、体制活而新的特色小镇。

特色小镇已成为湖南加快县域经济发展、推动城乡融合的重要载体。龙山县里耶镇、邵东市廉桥镇等16个小镇入选国家级特色小镇，形成了传统产业型、新兴产业型、特色旅游型、城郊休闲型、集群发展型等五大特色小镇。如金井茶叶小镇、廉桥中药小镇等依托当地特色农产品建设传统产业型小镇；新安商贸物流小镇利用当代电商技术和交通建设的高速发展因地制宜建设新兴产业型小镇；花垣边城小镇、浔龙河生态艺术小镇利用当地特色历史文化背景和优美的自然景观打造特色旅游型小镇。

（三）湖南省特色小镇建设的基本经验

湖南省特色小镇建设基于统筹安排产业，力求做到“镇镇有特色、村村有亮点”，在长期建设中形成了以下基本经验：

1. 坚持因地制宜，突出特色优势

特色小镇建设一定要因地制宜，以特色产业发展为核心，突出自身特色，避免盲目引进抄袭。如邵东市廉桥药材小镇立足乡土资源，利用地理优势，发展中药材种植销售产业，成为国内外闻名的“南国药都”；郴州汝城温泉小镇，利用当地的水文资源，发展温泉度假村，吸引越来越多的游客前来。

2. 挖掘文化资源，彰显文化内涵

特色小镇建设要始终坚定文化自信，要以创新文化发展为着力点，通过高品质的文化构建，营造独特的文化风貌，不断提升特色小镇的文化品格和文化活力。如文家市镇倾力挖掘当地的红色文化资源，以秋收起义文家市会师纪念馆为中心，大力发展红色文旅产业，红色成为文家市镇的鲜亮底色；长沙县田汉艺术小镇，因田汉而兴、因戏剧而名，突出文化特色，成为著名“网红小镇”。

3. 引导群众参与，形成社会合力

特色小镇建设必须坚持以人民为中心，充分发挥广大人民群众的主体作用。政府、企业、民众等各司其职、各尽其能、相互合作，形成多元协作的治理格局。如岳阳华容县东山镇坚持以生态环保为发展核心，大力打造绿色秀美人局环境，鼓励群众参与绿化植树，群策群力，5 年时间完成植树造林近 2 万亩，森林覆盖率、空气优良指数稳居全县第一。

（四）湖南省特色小镇建设的创新路径

根据湖南省特色小镇建设成功经验和具体实际，我们认为，湖南省特色小镇发展创新需要遵循以下路径：

1. 推进产业融合发展，为擦亮特色小镇名片夯实基础。特色小镇建设中必须紧扣特色农产品产业链的发展，在补链、强链、延链的基础上实现产业融合，促进农村一二三产业融合发展，发挥特色小镇产业与其他产业之间的协调作用，促进特色产业转型升级，实现产业集聚。以此强化乡村振兴的产业支撑，促进资源和要素有效流动与优化配置。

2. 增强文化品牌意识，打造特色鲜明的明星小镇。特色小镇，关键在“特”，因“特”而立、因“特”而兴。特色小镇建设要紧密结合乡村振兴战略，充分挖掘和盘活当地本土特色文化、符号和精神价值资源，加强特色文化品牌建设，彰显典型地域文化印记。在此基础上打造独具特色的城镇文化，并不断提升小镇文化引领力和传播力。

3. 实现政府职能转变，以特色小镇助推城乡融合发展。政府在特色小镇建设中应积极转变职能，在完善基础设施及构建城乡融合的公共服务体系上精准发力，突出市场和企业主体地位。如在推动管理体制机制、土地保障机制、人才引进机制等方面进行改革创新。

四、研究中存在的问题与下一步研究设想

（一）研究中存在的问题

1. 理论基础相对薄弱。作为法学专业的学生，之前我们对于乡村振兴及特色小镇的了解总体上局限于时政热点层面。尽管我们搜集和阅读了大量理论资料，但对于其背后的经济学、城乡发展理论、社会结构理论等认识还非常有限。

2. 实地调研相对缺乏。由于疫情防控原因，我们主要通过文献研究、资料查找、团队研讨等方式开展研究，必备的社会调研仅停留在网络查找和对家乡特色小镇建设状况的调研认知中，对湖南省特色小镇建设的认知还不够深入、全面。

（二）下一步研究设想

1. 深化理论研究。对国家乡村振兴战略布局、理论、相关政策进行深入

研究，为进一步研究特色小镇建设路径提供宏观理论指导。

2. 开展多元化研究。深入走访湖南部分特色小镇，辅之以座谈会、访谈、线上调查问卷等研究方式，获取一手研究资料，便于进一步研究。

五、本组成员在研究性学习过程中的收获与体会

1. 深化了对乡村振兴战略和特色小镇建设的理论认识。我们更加深刻地认识到，特色小镇建设不仅是实施乡村振兴战略的着力点、支撑点，也是推进城乡协调发展、实现共同富裕的重要路径。从数据分析中深刻感受到特色小镇建设对经济社会发展的巨大推动作用。根据国家发改委 2020 年对 225 个特色小镇抽样调查显示，约 3 万家企业入驻，吸纳就业约 130 万人，创造税收达 200 亿元。

2. 掌握了理论学习和科学研究的方法。研究性学习要求我们在深入学习党的创新理论、研究前人研究成果的基础上，通过小组的创造性学习，提出创新性观点和解决实际问题的对策建设。在研究性学习过程中，我们既把握了理论学习的基本要求，也掌握了调查研究、实证分析等科学研究方法。

3. 培养了战略思维和系统思维。此次研究性学习使我们进一步从战略的高度认识特色小镇建设的伟大意义，特色小镇建设不仅是全面推进乡村振兴的重大历史任务，也是解决新时代我国社会主要矛盾的迫切需要，对于实现中华民族伟大复兴意义重大。此次研究性学习也培养了我们系统思维，特色小镇是政治、经济、文化、社会、生态全面协调发展的小镇，需要增强系统观念，整体推进。

4. 明晰了青年大学在乡村振兴中的责任担当。本次研究性学习，使我们明晰了青年大学在乡村振兴中的责任担当和角色意义。只有到基层中去、到实践中去、到人民中去，才能真正知道所学的知识如何去发挥、如何去为社会做贡献。乡村振兴美好蓝图已经描绘，需要我们积极行动，接力奋斗。不断增强责任意识，提升专业素养，为全面推进乡村振兴和湖南特色小镇建设贡献青春力量。

指导老师意见

学习小组对湖南省特色小镇建设现状做了深入调研，在全面总结湖南省特色小镇建设基本经验的基础上，提出湖南省特色小镇建设的创新路径。研究成果主题突出，特色鲜明，获得了湖南第七届大学生思想政治理论课研究性学习成果展示竞赛活动一等奖。

刘丽萍　蒋晓东

四、蓝色系列

互联网以蓝色为主色调。互联网的深入发展，打破了青年学生信息获取的时空限制，也改变了青年学生的学习、生活、思维方式。青年如何与网络良性互动，是一个时代大课题。以“青年大学生与互联网”为主题，组织学生开展社会调研、理论研究等活动，让学生以学习小组为单位，根据自身兴趣和关注的问题，结合当前互联网生活中的热点难点问题确定研究选题。围绕网红经济、泛娱乐化网络文化、网络素养、在线学习方式、大学生网络责任感等问题，展开广泛调查和深入研究。小组成员在进行充分地研讨和研究后撰写社会调查报告或研究性学习报告。通过组织“蓝色”移动思政课堂系列活动，引导青年学生明确树立高度的网络意识和网络自觉，为青年健康成长成才插上互联网的翅膀，引导青年学生积极参与“净网”“清网”的互联网建设，共同营造健康向上的网络环境，为网络时代注入青春力量。

网红经济对青年大学生消费行为的影响研究

学院		生环学院	班级	2018 级环境工程 2 班	组长	谭为晋
小组主要成员	序号	姓名	小组分工			
	1	谭为晋	总体布局、制作调查问卷、撰写调查报告			
	2	徐志明	数据收集及分析			
	3	周昊	问卷分发及数据分析			
	4	郭力华	问题设计及数据分析			

一、调查目的和意义

（一）调查目的

自 2016 年起，网红经济慢慢走近普通老百姓的生活。网红经济的兴起是必然的，它得益于网络平台的开放性。“网红经济”是指以时尚达人为形象代表，以红人的品位和眼光为主导，在社交媒体上通过聚集人气，从而依托庞大的粉丝群体进行定向营销，将粉丝转化为购买力的一个过程。网红经济顺应了“互联网 +”时代的新经济诉求，成为消费市场新的增长点。

（二）调查意义

网红经济的兴起为普通老百姓打开了一扇窗户，它在丰富业余生活的同时，也带来了一些社会问题，凸显了一些负面影响。大学生群体是一个极度关注网络的年轻群体，也是一个追求时尚潮流的个性化需求群体。围绕网红经济对大学生消费行为的影响开展调查，具有重要意义。

1. 网红经济是互联网环境下市场经济发展中的一种新样态，调查研究网红经济对青年大学生的消费行为和心理的影响，能推进对网红经济的全面了解，形成深刻的认知。

2. 关注青年大学生的消费状况，把握大学生消费心理和行为特征，能为引导和培养青年大学生的正确消费观提供参考。

3. 网红经济顺应了“互联网+”时代的新经济诉求，在传统实体经济结构调整面临下滑压力时，为其注入了新的生命力。对网红经济的深入研究能对为引导网红经济的健康发展提供决策参考。

二、调查方法及具体实施步骤

（一）调查方法

网络问卷调查。

（二）具体实施步骤

1. 资料收集；

2. 线上讨论；

3. 设计调查问卷和采访文稿，针对特定调查对象发放问卷；

4. 综合分析获得的数据，得到初步结论，并进行现状分析；

5. 撰写调查报告文稿。

三、调查内容（调查过程中获得的材料及数据）

（一）调查工作概况

本次调查主要采用的是网络数据调查法。调研小组于4月中旬启动调查研究工作，截至6月上旬，共回收有效调查问卷141份，问卷发放对象为长沙学院本科学生。问卷立足青年大学生对网红经济的基本认知和网红现象对青年大学生消费心理和消费行为的影响等问题展开社会调研。具体工作的时间安排为：

1. 2020年4月中旬至4月下旬，收集和研读有关网红经济、消费心理等的相关资料，形成对网红经济、消费心理的基本认知。

2. 2020年4月下旬至5月中旬，小组研讨，制作并发放网络调查问卷，进行数据采样。

3. 2020年5月中旬至6月上旬，对采集到的数据进行分析、研究，撰写调查报告。

（二）调查数据

1. 您的性别（　　）［单选题］

本次调查共收集到有效问卷141份。其中男性54人，占比38.3%；女性87人，占比61.7%。

2. 您的年级（　　）［单选题］

141位调查对象中，一年级学生25人，占比17.73%；二年级学生70人，占比49.65%；三年级学生28人，占比19.86%；四年级学生18人，占比12.77%。

3. 您是否关注网红（　　）［单选题］

141位调查对象中，选择“是”的86人，占比60.99%；选择“否”的55人，占比39.01%。

4. 您是通过什么渠道了解网红（　　）［单选题］

141位调查对象中，选择“新浪微博”的占22.7%；选择“微信、QQ”的占15.6%；选择“秒拍、美拍、快手等短视频平台”的占29.79%；选择“各类直播平台”的占15.6%；选择“朋友的影响或推荐”的占4.26%；选择“其他”的占4.96%；选择“不了解”的占7.09%。

5. 您可能会关注的网红类型是（　　）［单选题］

141位调查对象中，选择“逗趣型”的占24.8%；选择“才华型”的占15.6%；选择“颜值型”的占38.3%；选择“科普型”的占9.25%；选择“明星型”的占4.96%；选择“其他”的占7.09%。

6. 您关注的网红当中，他们是否做过广告宣传（　　）［单选题］

141位调查对象中，选择“是”的114人，占比80.85%；选择“否”的27人，占比19.15%。

7. 您是否可以接受网红进行广告营销和推销（　　）［单选题］

141位调查对象中，选择“可以，他做什么都可以”占19.86%；选择“广告词写得好可以接受”占31.21%；选择“偶尔可以接受”占41.84%；选择“不能，打广告的取消关注”占7.09%。

8. 您是否购买过网红推销的产品（　　）［单选题］

141位调查对象中，选择“是”的62人，占比43.97%；选择“否”的79人，占比56.03%。

9. 您认为网红推销的经济模式发展存在的不足有（　　）［单选题］

141位调查对象中，选择“审美疲劳”占18.44%；选择“低俗文化倾向”占28.37%；选择“容易变暴利行业”占26.95%；选择“网络文化还未规范化”占21.99%；选择“其他”占4.25%。

10. 您每个月在网红推销影响下的消费支出为（　　）［单选题］

141位调查对象中，选择“100元以下”占59.57%；选择“100—300元”占24.82%；选择“300—500元”占10.64%；选择“500元以上”占4.97%。

11. 您选购网红推销的商品原因是（　　）［单选题］

141位调查对象中，选择“追随某网红的风格”占5.67%；选择“店铺内商品物美价廉”占27.66%；选择“微博、微信等平台的大量推广”占15.6%；选择“朋友推荐”占10.64%；选择“看起来不错想试试”占29.79%；选择“其他”占10.64%。

12. 对于网红推荐或销售的产品，您更注重哪些方面（　　）［单选题］

141位调查对象中，选择“我喜欢的网红我什么都买”占11.35%；选择“性价比”占70.92%；选择“外观质量”占12.06%；选择“其他”占5.67%。

13. 您对网红所推荐的产品的信任度（　　）［单选题］

141位调查对象中，选择“非常可信”占4.96%；选择“比较可信”占29.79%；选择“不太可信”占57.45%；选择“非常不可信”占7.8%。

14. 您对购买到的产品的满意度（　　）［单选题］

141位调查对象中，选择“满意”占19.15%；选择“不满意”占28.37%；选择“与平常商品差不多”占52.48%。

15. 您是否认为网红经济能从客观上推动国家的总体经济发展（　　）［单选题］

141位调查对象中，选择“是”占46.81%；选择“否”占25.53%；选择“不清楚”占27.66%。

16. 当听到网红“papi酱”的第一条广告卖出2200万元时，您的第一反应是（　　）[单选题]

141位调查对象中，选择“正常”占26.95%；选择“震惊后表示理解”占52.48%；选择“不可思议，无法理解”占19.15%；选择“其他”占1.42%。

17. 您是否想成为一名网红（　　）[单选题]

141位调查对象中，选择“是的”占14.18%；选择“不想”占57.45%；选择“如果有机会想尝试”占28.37%。

18. 您认为网红对于经济发展的影响力是否会越来越大（　　）[单选题]

141位调查对象中，选择“是”占55.32%；选择“否”占21.99%；选择“不清楚”占22.69%。

19. 您每个月的网购消费金额为（　　）[单选题]

141位调查对象中，选择“500以下”占46.81%；选择“500—1000”占37.59%；选择“1000—1500”占9.22%；选择“5000以上”占6.38%。

20. 您在网红推荐下的花销占网购总花销的比例大致为（　　）[单选题]

141位调查对象中，选择“0%—25%”占63.83%；选择“25%—50%”占20.57%；选择“50%—75%”占13.48%；选择“75%以上”占2.12%。

21. 您对网红经济持什么态度（　　）[单选题]

141位调查对象中，选择“赞同”占25.53%；选择“不赞同”占30.5%；选择“无所谓”占43.97%。

四、调查结论与建议

（一）调查结论

本次调查通过网络发放问卷，共收集到有效问卷141份，经全面调查和研究，我们得出如下结论：

1. 青年大学生对网红的关注度高，且主要的网络渠道为短视频平台和新浪微博。数据显示60.99%的青年大学生都有关注网红，而其中新浪微博用户占22.7%，微信、QQ用户占15.6%，短视频平台用户占29.79%，直播平台用户占15.6%。

2. 青年大学生在网红推销下的消费行为较为普遍。数据显示，接受调查的大学生中，只有大约7%的学生表示不太能接受网红做广告，而近半数学生购买过网红推荐的产品。而在大学生群体中最受欢迎的两类网红是搞笑类和颜值类。

3. 青年大学生对网红经济的贡献占比不高。数据显示，大部分青年大学生虽然都购买过网红推荐的产品，但产品的性价比仍然是大家更加关注的方面。在个体的总消费中，网红推荐下的花销占网购总花销的比例并不高，说明大家还是能保持理性消费。

（二）调查建议

1. 从青年大学生的思想政治教育来看，要对青年大学生开展正确消费观教育，提高青年大学生理性判断能力。对青年大学生来说，面对网红经济中的各种诱惑，大学生要理性消费，量力消费，不盲目攀比，树立正确的消费观，尽量减少游戏等领域的消费，增加可以提升自身实力，比如书籍、网络课程、知识分享等方面的消费，让每一分钱都发挥在提升自身价值上。

2. 从企业发展来看，企业要善于把握机会，依托强大的互联网力量，借着网红经济的东风，找准市场，寻找适合企业产品的营销方式。企业要将网红经济对不同群体的影响进行深入调研，充分把握消费者心理才能创造成功的营销模式。

3. 从政府方面来看，网红经济对社会人员消费的影响不容小觑，这个依托于互联网高科技的新生力量已经发展壮大。要加强规范和引导网红经济运行，包括网红的开发、产出变现，以及孵化和消费网红的一系列互联网商业模式，如电商平台、娱乐经纪公司、直播平台等。要通过对网红和网红经济的规范、引导为社会注入正能量，引导网红中的正面人物通过网络平台上的各类活动向社会输出乐观、励志的正能量。

五、本组成员在调查过程中的收获和体会

谭为晋：通过这次调研活动，我体会到很多事做起来并不像想象的那么简单。比如问卷的制作，要通过对想要调查的内容进行数据采集，再合理设置问题。另外电子问卷发布之后，尽管大家都有转发，但是填写的人数并不多。所幸，我们采样的时间比较充足，再加上成员每天都坚持在各个 QQ 群、微信群内发布，才最终完成了调查问卷的收集。这次的社会调查让我受益良多，要多多总结经验和不足，以后再做才能更加得心应手。

徐志明：以往我们更多的是以调查对象的身份参与问卷调查，在这个过程中我们的眼中只有题目与选项，思考的是选出最合自己心意的选项，但是从未思考过每个选项背后的含义。而这次的社会调查，我们小组成员在讨论和研究中对问卷调查有了更深刻的认知：首先，问卷调查中问题的数量需要把控恰当。问题太少不利于分析，太多则过于烦琐，容易让参与者有抵触情绪。其次，问卷中的问题设置必须遵循一定的认知逻辑，不能杂乱无章，随心所欲。在这次的调查研究过程中，我不仅学会了如何制作调查问卷，也意识到了团队合作的重要性。

周昊：通过本次调查研究活动，我收获颇多。首先，我比较全面地了解了大学生们对于网红经济的看法，以及网红经济对大学生消费行为产生的具体影响。其次，我了解到要做好一份调查不容易，确定主题、提出问题、制作问卷，每一步都需要队员们的齐心协力。这是一次深刻又难忘的学习经历，这样的学习经历比书本上的知识更加有趣和有意义。

郭力华：调研活动要做到面面俱到并不容易，设置问卷问题要考虑的方面很多，同时调查对象的人数不能太少。整个活动需要团队成员互帮互助，分工清楚。在撰写报告的时候，难免会有错字、漏字，这要求我们必须严谨对待，反复检查，尽量把失误降到最低。

指导老师意见

网红经济是互联网环境下市场经济发展中的一种新样态，研究把握大学生消费心理和行为特征，能为引导和培养青年大学生的正确消费观提供参考。

本选题研究具有重要的现实意义。但是，从具体的调查研究工作来看，调查的样本还不够充分，调查问题的设计也有待提升。

刘丽萍

“泛娱乐化”网络文化对大学生价值观的影响研究

学院		机电学院	班级	2018 级机电 1—2 班	组长	李聪
小组主要成员	序号	姓名	小组分工			
	1	李聪	总体协调、材料整理与分析			
	2	邓琛	材料整理与分析			
	3	洪松柏	研究综述、研究成果报告撰写			
	4	汪昊程	研究综述、研究成果报告撰写			
	5	陈毅	研究综述、研究成果报告撰写			

一、选题目的和意义

近年来，我国网络文化中出现了一种“泛娱乐化”倾向，其典型代表就是低俗娱乐新闻在网络上的泛滥和对红色经典的恶搞。正如习近平总书记在讲话中指出，低俗不是通俗，欲望不代表希望，单纯感官娱乐不等于精神快乐。国难娱乐化、国耻戏谑化等现象必须引起高度重视。

（一）选题目的

1. 全面研究网络环境下“泛娱乐化”网络文化带给网民和社会的消极影响，以期引发青年大学生对“泛娱乐化”网络文化的关注，并引起警惕；

2. 运用心理学的相关理论，深层剖析大学生参与网络娱乐化活动的动因，为青年大学生抵制“泛娱乐化”网络文化提供实践参考；

3. 系统研究网络空间的文化生态，从大学生视角提出行之有效的网络管理办法，为相关部门引导网络文化的健康有序发展提供参考。

（二）选题意义

1. 研究“泛娱乐化”网络文化对于青少年价值观的影响机制，为高校思想政治教育提供策略参考。通过对大众传媒“泛娱乐化”的剖析及对青少年价值观产生影响的研究，结合思想政治教育的相关理论来探讨“泛娱乐化”

对青少年价值观影响的途径，也有利于创新思想政治教育工作方法，充实思想政治教育工作体系。

2. 从思想政治教育的角度研究大众传媒“泛娱乐化”的倾向和特点，为走出“泛娱乐化”网络文化研究提供实践参考。大众传媒的“泛娱乐化”是一个交叉学科的课题，可以从新闻传播学、社会学、心理学、教育学以及思想政治教育学科等角度研究。本研究力求从大学生思想政治教育的角度加强对“泛娱乐化”网络文化现象的深入研究。

二、选题现有研究情况综述

1. “泛娱乐化”内涵研究

学者们大多认为，所谓“泛娱乐化”现象，指的是电视媒体制作、播出的格调不高的娱乐类、选秀类节目，它们以相应的情节与画面来取悦观众，以此来提高收视率。其中影响力较大的文章有石长顺、范晓所著的《娱乐狂欢与电视拯救》、时统宇所著的《媒体泛娱乐化现象批评》、邹定宾所著的《走出“泛娱乐化”的审美误区》、李良荣的《诊断中国传媒娱乐化》等。学者们指出，在利益的驱逐下，相关媒体为追逐利益最大化，会将娱乐活动引入异化或泛化。有部分学者认为，“泛娱乐化”的核心是消费、享乐主义，它的主要传播媒介为网络、影音等，其内容以空洞、浅显、粗鄙为主，并通过浮夸的表演，将其表现出来，触碰观众的神经，试图使观众产生愉悦、放松的感受。

2. “泛娱乐化”现象的成因研究

有学者指出，随着改革开放、市场经济的发展，娱乐的需求也越来越多，并逐渐发展壮大，我国的娱乐文化与经济发展是相辅相成的。《解放日报》马海邻在《当经济“迎娶”了娱乐》中提出，进入新世纪后，经济和娱乐的合作从深度和广度上都在不断加深，人们购买产品不再单纯考量它的性能、质量，而是将外观和娱乐性作为重要参考标准，整个经济开始有点“泛娱乐化”了。也有学者提出，目前，我国互联网媒体具有十分明显的“泛娱乐化”特征，其正在逐渐削弱媒体应具有的社会责任，降低人民群众精神文明、危害我国社会发展。互联网媒体如果继续以群众需要为幌子，以追求更大的商业利益为目的，保持“泛娱乐化”的继续发展，将对中国社会造成不可挽回的伤害。

3. “泛娱乐化”现象对大学生的影响研究

学者们认为，“泛娱乐化”现象出现之初，就以席卷之势弥漫各行各业。到目前为止，“泛娱乐化”的影响力也渗透到各大高校。邢少花在其论文《当前中国社会文化“泛娱乐化”现象评析》中指出，与最初娱乐化出现时，还能给人们带来大众通俗娱乐文化的正面影响相比，此时发展到“泛娱乐化”时代，只剩下负面影响。例如，媒体的公信力和社会责任感减弱、公共文化品位下降、青少年身心健康受到影响、缺乏人文关怀、妨碍社会主义文化健康发展等。王丽娜在其论文《媒体“泛娱乐化”背景下高校校园文化建设问题研究》中勾勒出“泛娱乐化”现象对高校校园文化的负面影响主要有：阻碍大学生素质提高、影响大学生形成良好心理状态、造成大学生人文关怀缺失、社会责任感不足、影响大学生形成正确的价值观、导致大学生对社会认知产生误解、形成不良就业观。卢杨在《“泛娱乐化”现象对大学生的影响及对策探析》中，通过调查问卷，总结了部分大学生对“泛娱乐化”的认知情况。从调查结果来看，大部分大学生都或多或少的感受到了“泛娱乐化”现象的存在，但是对这一现象，仅有约 27% 的大学生认为这种现象是不利于大学生身心健康，剩下的绝大部分大学生很享受其中。

综合来看，当前“泛娱乐化”现象研究主要集中在大众传媒领域，学者们对“泛娱乐化”现象的基本理论认知、“泛娱乐化”现象的成因、“泛娱乐化”现象的社会影响形成了一定的研究基础。但是，关于“泛娱乐化”现象在网络世界中的存在和影响，尤其是对于青年大学生价值观影响的系统研究还稍显不足。因此，本研究小组将以“泛娱乐化”网络文化作为背景，来研究其对大学生价值观形成产生的影响，并力求对如何积极引导“泛娱乐化”网络文化进行深入研究。

三、研究性学习的成果

小组以文献研究法研究了网络文化“泛娱乐化”的发展由来、“泛娱乐化”的产生背景等，通过文献研究和问卷调查的方式，了解了网络文化“泛娱乐化”对大学生产生的影响，经研究得出以下认识：

（一）“泛娱乐化”网络文化的基本问题

1. 何为娱乐

娱乐是人类本能的需要，是人类情绪的表达、思想的传递，是伴随着人类的生活而存在的。娱乐本身并无好坏之分，在人类漫长的发展史上，娱乐一直是伴随人类存在的。娱乐是满足人类精神的需要，是人类精神放松的需要，是人类内在的需要。

2. 何为“泛娱乐化”

“泛娱乐”之“泛”，不仅体现在娱乐向其他领域的拓展和渗透，如与娱乐圈明星相关信息挤占政治、经济和民生新闻的空间，严肃领域的新闻被戏谑化解读，而且深刻体现在作为一种思潮对人们思维方式的影响。“泛娱乐化”从本质上来说是一种社会现象，是将事物的娱乐功能广泛化，或者说是扩大化的现象，使原本不具有娱乐性质的事物赋予其娱乐功能，将事物的娱乐功能或者说是娱乐元素扩大化。

3. “泛娱乐化”现象的出现与形式

从出现的原因来看，经济利益是“泛娱乐化”的重要推手。在内容生产方面，媒体尤其是自媒体为了增加点击量进行娱乐化推送或解读，对“泛娱乐”起到推波助澜的作用；在商品营销中，商家热衷通过包装炒作各类明星、网红赚取流量，推销商品。其次，管理和引导的脚步跟不上娱乐产业的迅速扩张，则最终造成了娱乐的泛滥失控。

其主要体现形式包括：（1）娱乐节目的泛滥化、同质化。（2）娱乐新闻的私秘化、炒作化。（3）电视剧的雷同化。（4）文化节目的低俗化、浅薄化。（5）新闻节目的娱乐化。

（二）“泛娱乐化”网络文化对大学生价值观形成的消极影响

正如格伯纳（George Gerbner）等人提出的培养理论，娱乐内容最可能发生培养效果。网络媒体“泛娱乐化”虽然有利于大学生缓解压力，释放情绪，但是其中包含的负面因素对大学生价值观的形成产生消极影响。

1. 历史价值观片面化

历史是一个国家兴衰沉浮的深刻见证，是一个民族文化流传的美好展示，是一个民族的宝贵财富。我们本应以崇敬的态度，多方位的视角，理性辩证的思维来看待历史，传承历史。然而，一些不良网络媒体在商业化运作与“泛娱乐化”浪潮耦合下，一味追求给网民带来新鲜刺激感，淡化了严谨制作态度与传承文化意识。网络上各种宫斗剧、抗日神剧、恶搞英雄视频泛滥。肆意篡改历史，盲目制造轰动效应，使得大学生沉浸在“勾心斗角”，夸张雷人的剧情中，满足于情感宣泄，感官刺激，却淡化了历史敬畏感与厚重感，更是在潜移默化中将大学生对历史的关注局限于狭小视野，影响了大学生对历史的全面正确认知与理解，导致大学生历史价值认知片面化、碎片化，甚至产生错误认知。

2. 生活价值观扭曲化

“生活价值观是个体对其存在和发展状况及意义的思考，是对个人与社会、集体、他人之间关系的认知和评价时所持的基本观念。”网络媒体在“泛娱乐化”浪潮影响下，强调消费至上，娱乐至上，大量报道明星奢华生活，情感纠葛，以戏谑化方式讲述英雄人物故事吸引网民眼球，却往往很少关注奋斗在基层的普通老百姓。大学生长期沉浸在浮躁、世俗、攀比的负面娱乐环境中，导致生活价值观扭曲化。首先，表现为生活价值观享乐化。网络媒体大量报道明星奢华生活，捧红大量网络红人，宣传各种奢侈品，却很少报道他们背后的辛苦付出。这导致缺乏判断经验的大学生沉浸在奢华视觉盛宴和偶像崇拜中，滋生享乐主义，淡化了勤俭节约的优良品质。其次，表现为生活价值观功利化。网络媒体在“泛娱乐化”浪潮影响下鼓吹“一夜暴富”“一夜成名”，大量报道各种炫富生活、奢华生活。这在一定程度上导致大学生过度追求金钱，甚至将金钱作为衡量成功的唯一标准。由此而滋生出个人主义、利己主义，淡化了对理想信念的追求，导致社会责任感缺失，精神生活浮躁化，贫瘠化。

3. 审美价值观庸俗化

美，不仅仅是外在美，更重要的是内在美，而审美价值观就是一个人在对客观对象做出美和丑、崇高和卑下、悲和喜的审美价值判断时所依据的观念。网络红人频频活跃于网络上，类型多样，层出不穷，引得网民津津乐道。他们成名方式多种多样。他们的出名离不开网络媒体的争相报道。一些网络媒体为提升点击率，将网络红人的媚俗照片大肆转发。校园内大学生化妆打扮追随“网红脸”，穿衣购物跟随“网红风”，更有甚者想要依靠整容博得出名。这使得大学生审美价值认知片面化，审美价值追求庸俗化，过度追求外在美，淡化了对内在美的追求。

4. 道德价值观去崇高化

道德价值观是指人们的道德意识和道德实践活动对于社会群体和个人所具有的意义。积极正面的道德榜样模范人物对大学生正确道德价值观的形成产生积极影响，而负面典型则对其产生消极影响。艺术来源于生活，高于生活。优秀的作品在为人们提供休闲娱乐之外，更在于实现价值引领作用。不良网络媒体为了提升点击率和知名度，便肆意曝光明星隐私，造谣传谣。这不仅给明星带来舆论压力，更是制造舆论风波引起网民恐慌。甚至于一些网络媒体恶搞董存瑞、黄继光、邱少云等民族英雄，质疑其为国英勇牺牲的行为。这些不当行为背离了诚实守信，缅怀先烈的传统美德，更是对于职业道德的践踏。大学生长期在这些负面信息的影响下易导致道德价值观去崇高化，不再坚守崇高道德，甚至为了实现个人利益便不顾他人与集体，滋生道德虚无化，道德信仰弱化。

（三）“泛娱乐化”网络文化的引导策略

1. 提高大学生的网络媒介素养

“媒介素养”是指人们对各种媒介信息的解读和批判能力以及使用媒介信息为个人生活、社会发展所用的能力。加强大学生的网络媒介教育，能够从主体角度有效增强大学生对网络媒体中“泛娱乐化”现象的免疫力。教育者则应注意做到以下几点：第一，引导大学生正确认识网络媒介，以客观理性的态度使用网络媒介。第二，引导大学生科学对待网络媒体信息，培养其辨别是非的能力和批判庸俗的思维。第三，引导大学生树立正确的娱乐观，引导其适度、适量、适时，以健康积极的方式参与网络娱乐活动。

2. 增强思想政治教育与网络媒体的结合与融合

在认清网络媒体“泛娱乐化”消极现象的同时，教育者也要认识并利用网络媒体的优势，利用现代化的教育手段将思想政治教育从“纸上”扩展到“网上”。教育者应针对大学生的身心发展特点革新思想政治教育形式，使用网络媒介进行教学，促进德育形式多样化，充实思想政治教育内容，将思想政治教育原有内涵与当前时代特色相结合。逐步实现灌输式教育向互动式教育、线下教育向线下线上融合教育转变，从而调动大学生的积极性，营造主体互动、共同参与的课堂氛围，使思想政治教育工作更加贴近大学生，引领大学生共同抵制网络媒体“泛娱乐化”的侵蚀。

3. 用社会主义核心价值观引导网络舆论

“泛娱乐”暗含着解构权威、娱乐至上的思想，导致宣传思想工作被边缘化、弱势化。舆论引导的基本要求是具有传播力、引导力、影响力、公信力，但是在“泛娱乐”盛行下，宣传思想工作者全面应对“泛娱乐”挑战，必须有足够的忧患意识和强烈的紧迫感。要将培育和践行社会主义核心价值观融入舆论引导全过程，指导大学生将核心价值观应用到生活中。

四、下一步研究设想

（一）本研究性学习尚存的问题

1. 在相关知识储备方面，对基础理论的研究仍不够深入，一些思想观点的提出和阐释仍然有些不足。

2. 在实证调查上，对于网络“泛娱乐化”对大学生的影响缺乏具体的实证调查，理论与实际的结合还需要加强。

3. 在研究的侧重点上，研究中只是把重点放在影响和结果上，没有对“泛娱乐化”对大学生产生的影响的原因做出具体的调查与分析。

（二）下一步研究设想

查找相关资料，了解大学校园文化发展现状和存在的问题，继而探究网络“泛娱乐化”对大学生产生的影响及原因分析。了解“泛娱乐化”的兴起和扩张的原因及其背后的商业利益驱使，分析当代大学生受“泛娱乐化”、享乐主义和功利主义等带来的负面影响，针对相应的问题提出具体解决途径。

五、本组成员在研究性学习过程中的收获与体会

（一）团队精神，合作至上

研究性学习是一项庞大的工程，单凭一人之力是无论如何也无法完成的。在此次研究性学习中，我们小组 5 个组员和睦相处，团结一心，群策群力。我们在合作中学到了团队精神，学到了人与人之间的合作和沟通，学到了宽容和理解。

（二）准备充分，目标明确

经过学习和研究相关材料，并聆听了指导老师的意见，再加上平时的写作练习和实践，我们一步步明确了研究内容、研究目的与意义和研究方法等，最终完成了本次研究性学习。

（三）研究学习，自我提升

这次研究性学习转变了我们的学习观念，改变了我们对学习和生活缺少独立思考的依赖观念，改变了我们“死读书”的学习方式。通过研究性学习的实践，激发了我们自由创新的热情，培养了独立思考和探究新事物的科学精神，我想这是研究性学习的最大意义。

（四）思考现状，提出策略

通过此次研究性学习，我们了解到了“泛娱乐化”网络文化对大学生正确价值观的确立带来挑战。经过此次研究性学习我们把应对“泛娱乐化”思潮的大学生价值观引导策略简答概括为如下四条：运用马克思主义引领大学生价值取向，丰富精神家园；注重社会主义核心价值观教育，塑造大学生价值秩序；加强大学生崇高信仰培育，培养敬畏之心；建构新型媒介交往方式，提升媒介素养。

指导老师意见

研究“泛娱乐化”网络文化对于青大学生价值观的影响，可以为高校思想政治教育的实践提供借鉴和参考，研究具有一定的针对性和现实意义。该研究报告总体框架合理，条理也比较清晰。

刘丽萍

新时代大学生网络素养调查研究

<table>
<tr><td colspan="2">学院</td><td>外国语学院</td><td>班级</td><td>2019 级日语 2 班</td><td>组长</td><td>胡衿琦</td></tr>
<tr><td rowspan="6">小组主要成员</td><td>序号</td><td>姓名</td><td colspan="4">小组分工</td></tr>
<tr><td>1</td><td>胡衿琦</td><td colspan="4">问题设计、结论分析</td></tr>
<tr><td>2</td><td>钱雨欣</td><td colspan="4">数据收集、分析</td></tr>
<tr><td>3</td><td>白羽佳</td><td colspan="4">问卷分发、数据分析</td></tr>
<tr><td>4</td><td>党涵雪</td><td colspan="4">问题设计、数据分析</td></tr>
<tr><td>5</td><td>何倩</td><td colspan="4">问卷分发、协调配合</td></tr>
</table>

一、调查目的和意义

（一）调查目的

随着移动互联网、智能手机的快速普及，网络已经成为人们传递信息、交流观点的主要渠道。作为特殊的社会群体和网络传播的主要受众，大学生的网络素养状况直接影响着他们的价值取向和行为取向。因此，对我校大学生的网络素养状况进行抽样调查，是为了了解当代大学生网络素养的现状，以期为有关部门提供政策建议。希望借此次调查提高我们认识、分析问题的能力，用大学生的视角更精准地描述和把握复杂的网络世界。

（二）调查意义

1. 所谓网络素养，是指运用电脑及网络资源的能力来定位、组织、理解、估价和分析信息。当前，网络信息愈发良莠不齐、网络戾气愈发严重，网络素养显现出不足，任何社会现象的发生都是有其原因的，本组希望通过调查研究剖析这种社会现象，回答“为什么”的问题。

2. 大学生是社会新技术、新思想的前沿群体，是国家培养的高级专门专业人才。高等教育要培养有理想、有道德、有文化、有纪律的四有新人。本组希望通过这次调查，帮助一部分正在网络世界里迷失自己的大学生树立正确的网络素养观念。

二、调查方法及具体实施步骤

（一）调查方法

本次对大学生网络素养的调查采用问卷调查的形式，在多个社交网络平台发布网络调查问卷，来收集以长沙学院学生为主的数据。

（二）具体实施步骤

1. 进行调查问卷的问题设计；
2. 进行问题的进一步润色，整理分类；
3. 小组成员在 QQ、微信等网络平台发布问卷采样；
4. 回收问卷，分析数据，撰写研究报告。

三、调查内容（调查过程中获得的材料及数据）

（一）调查数据

本次调查中，被调查的有效人数为 175 人，男生 51 人，女生 124 人。男生占比 29.14%，女生占比 70.86%。

调查对象中一年级学生 23 人（占比 13.14%）、二年级 131 人（占比 74.86%）、三年级 14 人（占比 8%）、四年级 7 人（占比 4%）。调查对象的年级分布不均衡，表明本次调查数据有所不足，数据分析时不能以偏概全。

关于从什么时候开始接触网络的问题，调查数据显示：大学生接触网络的时间普遍比较早，有 63.43% 的大学生在小学阶段就已经接触到网络。

关于平均每天上网时间的统计，调查数据显示：5 小时以上的占比 49.71%，3—5 小时的占比 34.29%，1—3 小时的占比 13.14%，0—1 小时的占比 2.86%。

关于上网的主要内容，数据显示：大学生在使用网络方面，娱乐休闲活动占比 92.57%，学习工作活动占比 78.29%，网络社交占比 81.71%，获取新闻资讯占比为 60.57%。这表明大学生的网络生活丰富，且休闲娱乐活动多样。

关于需要付费的网络信息，58.86%的学生会根据资料的价值决定是否付费获取，这说明部分大学生对网络上的知识付费授受度不高。

关于是否会核实网络信息的真实性，调查数据显示：49.71%的人选择“需要核实，但没有行动”；41.71%的人选择“需要核实，会去求证”；8.57%的人选择“无所谓真假，不会核实”。

关于如何辨别网络信息的真实性，84%的人选择“参考发布平台的权威性”，67.43%的人选择“根据自己对内容的理解”，33.71%的人选择“通过他人的评价”，65.71%的人选择“利用其他的信息辅助辨别”。

关于如何看待在社交平台上透露自己或其他人信息的行为，调查数据显示：14.29%的人选择“愿意分享自己的生活，无所谓信息的泄露与否”，46.29%的人选择“不认同这种行为，从来没有发表过”，39.43%的人选择“在自己熟悉信赖的平台发表无所谓，其他平台不发表”。由此现象可知，大部分大学生都有隐私意识，但仍存在认识误区。

关于是否会在网上恶意攻击他人或传播不良信息，调查数据显示：85.14%的同学选择不会在网络上攻击他人、传播不良信息，但仍有剩余的14.86%的学生会进行恶意的网络攻击。网络不是法外之地，要注意自己的一言一行。

关于是否能分辨且抵制不良信息，调查数据显示：89.71%学生能分辨不良信息并对其加以抵制。可见，当今社会，是一个快速发展的社会，每天都有着大量的信息围绕着我们。大学生应该要有辨别信息的能力，要树立一个正确的世界观和人生观。

关于身边是否存在网络不文明的现象，调查数据显示：在大学生人群中，69.14%的学生注意到周围的同学存在不文明现象，甚至其中13.71%的学生身边经常出现不文明现象，这证明大学生的网络文明素养仍需提高。

关于在网络上如何处理观点冲突，调查数据显示：51.43%的学生选择不予理会，46.86%的学生选择理性争论，只有1.71%的人选择会破口大骂，这表明同学们在处理网络观点冲突方面是比较理性的。

在网络上遇到恶意的攻击时，86.86%的人选择“拉黑举报给官方，等待平台处理”，13.14%的人选择进行反击。这说明绝大部分学生认可通过理性的方式解决网络纠纷等问题。

在网络上遇到有争议的事时，9.71%的人选择“不管他人意见，直抒己见”，60.57%的人选择“冷静思考是否会带来不好的影响再发言”，14.29%的人选择“只是看看，不放在心上”，15.43%的人选择“不发言，旁观他人争论”。

关于大学生的网络素养，70.86%的同学认为现在大学生的网络素养一般，6.29%的同学认为大学生的网络素养很差。这说明大学生网络文明素养有待提高。

关于在网络世界大学生最需要注意的问题，91.43%的同学选择了“文明发言素质问题”，而选择“信息版权认知问题”“对不良消息抵制问题”的同学占比较少。这说明相对于抵制不良消息和信息版权问题，大部分同学都认为网络上存在的主要问题是部分网民文明素质低下，不能合理地发表自己的言论。

关于大学生在网络平台上的形象，调查数据显示：有90%以上的同学选择了“大学生是网民的重要组成部分，应该注意自己的言行举止”，有74.29%的同学认为“大学生是高素质人群，应注意自己的言行”。这反映了大部分同学认可自己的网民身份，并认为自己应当承担文明上网的责任。但仍有9%的同学认为“网络是虚拟平台，说什么都没关系”。

关于网络文明教育问题，大部分的同学都认为网络文明教育可以让大学生树立正确的网络观念，让大学生对真假消息有更好的分辨能力。做好网络文明教育工作是建立健康网络环境的重要组成部分，这说明网络文明教育是十分必要且急需加强的。

四、调查结论与建议

（一）调查结论

根据调查报告可知，随着互联网技术的飞速发展，当代青年人接触网络的年龄越来越早、时间越来越长。虽然绝大部分人拥有长时间、高强度的网络接触，但是当代大学生（以长沙学院学生为主）的网络素养仍需提高。根据调查可以得出以下结论：

1. 青年大学生在网络知识版权认知方面有所欠缺。大部分人对有偿资源视其价值进行付费，但部分同学不愿花钱，实际上这是为版权付费，是对知识的尊重。在网络这个虚拟平台上，版权的认知意识也变得虚拟模糊，容易被忽视，需要加以改正。

2. 青年大学生对信息来源的真实性辨别能力较强。大部分同学参考平台的权威性来辨别真伪具有一定的科学性，但同学们对于消息的获取很少去证实，这会大大影响同学们对消息真伪地判断。

3. 青年大学生对不良信息的抵制能力较强。网络信息良莠不齐，不良信息对于三观尚未完全成熟的大学生有极大的危害。对于不良信息绝大部分同学能够分辨且抵制，但少部分同学仍受其影响。

4. 青年大学生对隐私保护存在认知误区。没有任何一个网络平台是绝对安全的，占比不小的同学选择在自己熟悉的平台上透露个人信息的行为其实也是不正确的，任何发布在网络上的消息都应该谨慎。

（二）调查建议

1. 网络知识版权应受到保护。一方面，对大学生、学校及社会应展开网络版权的知识宣传，提高大学生的网络版权意识。另一方面，网络平台应加强对版权付费的监督和管理，杜绝盗版存在，维护正版版权。

2. 加强大学生思想政治教育，网络道德教育。通过思想政治教育使大学生树立正确的人生观、世界观和价值观。同时，对大学生进行网络道德教育，使大学生树立正确的网络娱乐观念和方式。

3. 提高大学生网络安全意识。高校要完善课程体系，开设网络安全知识专题讲座。开设网络安全知识专题讲座是对课堂教学的一个有效补充，也是引导大学生关注网络安全问题的有效途径，让大学生对自己和他人的隐私安全问题提高警惕。

4. 大学生要提高自身的文明素养。当代大学生使用网络大多用于娱乐休闲，大学生应提升自己的文明素养，多接收有利的、价值高的网络信息。平台也应杜绝发表脏话、粗话等不文明行为，规范一些软件及平台低俗、粗鄙、无涵养的形象。

五、本组成员在调查过程中的收获和体会

钱雨欣：网络的普及使得信息的传播越来越广泛，大学生对于网络信息不能以讹传讹，要保持理性，有自己的看法和见解。

白羽佳：通过这次的调查，我学到了很多，也感悟到很多。大学生是使用网络频率很高的群体，作为大学生，关于网络的使用我们应该懂得取其精华、去其糟粕，在加强思想道德修养、提高自制力、自觉抵制不良信息的同时，更应该树立一个正确的价值观来面对网络。我们作为未来国家发展的希望，应该顺应潮流，充分利用网络这个工具，不断进步。

党涵雪：经过这个调查活动，我大概了解了当代大学生在使用网络方面的情况，无论是网络信息的传播还是网络的安全使用，都有一定的问题。通过这次问卷调查，希望大学生在使用网络方面能得到更好地提升。

胡衿琦：通过这次的调查研究，我意识到当代大学生的网络素养仍需要提高，同时我认为这次调查活动能有助于大学生网络素养的提升。

何倩：通过此次调查活动，我对自己的网络行为进行了反思，希望未来自己对网络信息的辨别能力能进一步增强。网络素养问题不容忽视，作为大学生，我们应为创造更好的网络环境贡献力量。

指导老师意见

青年学生的网络素养能否与时俱进，已经成为青年学生综合素质的重要组成部分。掌握青年学生的网络素养现状，对学校思想政治教育的开展具有重要的现实意义。本学习小组的调查问卷中，问题的设置还需要更系统、更具有针对性和代表性。

刘丽萍

疫情防控期间大学生居家在线学习情况调查

<table>
<tr><td colspan="2">学院</td><td>经济与管理学院</td><td>班级</td><td>2018 酒店管理 1 班</td><td>组长</td><td>曹琳</td></tr>
<tr><td rowspan="6">小组主要成员</td><td>序号</td><td>姓名</td><td colspan="4">小组分工</td></tr>
<tr><td>1</td><td>曹琳</td><td colspan="4">整理数据</td></tr>
<tr><td>2</td><td>林云</td><td colspan="4">总结调查目的和调查方法</td></tr>
<tr><td>3</td><td>王露杰</td><td colspan="4">总结调查结论与建议</td></tr>
<tr><td>4</td><td>王海燕</td><td colspan="4">总结调查意义和调查工作概况</td></tr>
<tr><td>5</td><td>邱振杰</td><td colspan="4">整理数据</td></tr>
</table>

一、调查目的和意义

因为突发的新冠疫情，很多高校都为学生安排了线上课程。这对于高校来说既是机遇也是挑战，如果疫情防控期间线上教学的开展效果较好，那么可能促进未来线上教学方式的创新发展。本次社会调查的目的在于了解疫情防控期间大学生居家的学习情况，包括在线学习态度、方式、效果等，了解大学生对于线上教学的想法与建议，以便更好地了解大学生居家在线学习遇到的问题，为教育主管部门和高校完善、创新线上教学提供现实依据和对策参考。

二、调查方法及具体实施步骤

（一）调查方法

1. 线上查阅相关资料。

2. 线上电子问卷调查。

（二）具体实施步骤

1. 准备阶段：首先确定具体分工；收集相关资料，集体讨论后确定问卷内容；制作电子问卷。

2. 实施阶段：线上发布调查问卷，团队成员将问卷转发至微信朋友圈、QQ 空间和各个群聊，收集来自五湖四海的大学生居家学习情况。

3. 研究与分析阶段：小组讨论，将收集的信息进行汇总、归纳和分析。

4. 总结阶段：撰写调查报告。

三、调查内容（调查过程中获得的材料及数据）

（一）调查工作概况

1. 2020 年 6 月 9 日，收集资料，分配任务。

2. 2020 年 6 月 10 日，制作网络调查问卷，并发给大家填写。

3. 2020 年 6 月 15 日，对采集的问卷数据进行分析，并撰写调查报告。

（二）调查问卷

疫情防控期间大学生居家在线学习情况调查

1. 您的性别是（　　）［单选题］

A. 男　　B. 女

2. 您在疫情防控期间的主要上课方式是（　　）［多选题］

A. 腾讯会议　　B. 腾讯课堂　　C. 微信　　D. QQ

E. 钉钉　　F. 中国大学 MOOC　　G. 学习通　　H. 其他

3. 您更喜欢哪种学习方式（　　）［单选题］

A. 直播教学　　B. 录播教学　　C. 作业巩固　　D. 文档自学

4. 网络问题是否会影响您的线上学习（　　）［单选题］

A. 是，家中没 Wi－Fi，移动数据不够用

B. 是，家中有 Wi－Fi，信号不稳定

C. 否，家中有 Wi－Fi，且信号较好

D. 否，移动数据充足，且信号较好

5. 您上网课时会全神贯注吗（　　）［单选题］

A. 总是　　B. 经常　　C. 有时　　D. 很少

6. 您个人的学习主动性如何（　　）［单选题］

A. 主动完成学习情况　B. 能够完成学习任务　C. 不得不完成学习任务

7. 您上课的状态是（　　）［单选题］

A. 带着疑难有针对性地听讲或讨论

B. 跟着老师的引导走

C. 没有听讲，没有思考问题

8. 对于线上学习，您觉得有哪些优点（　　）［多选题］

A. 不会因为疫情防控而影响新学期的学习进度　B. 在家学习相对自由

C. 课后交流更加便捷　D. 提交作业方便　F. 学习负担较轻

G. 能培养自己的自主学习能力　H. 其他

9. 您觉得影响线上学习效率的主要因素有（　　）［多选题］

A. 自我控制力　B. 平台的信息发布和互动能力

C. 长期盯着屏幕眼睛不适　D. 学习资源的可获取程度

E. 网络质量　F. 其他因素

10. 疫情防控期间，您平均每天使用电脑或手机进行娱乐的时间是（　　）［单选题］

A. 1—2 个小时　B. 3—5 个小时　C. 6—8 个小时　D. 10 个小时以上

11. 居家期间除了线上学习您花费时间最多的活动是（　　）［单选题］

A. 刷短视频　B. 看课外书　C. 打游戏　D. 运动　E. 其他

12. 您是否会自己制定学习计划（　　）［单选题］

A. 除了完成老师布置的作业外，还会自己额外制定学习计划，如为考证做准备

B. 除了完成老师布置的作业没有其他学习计划　C. 完全没计划

13. 您对疫情防控期间的在线教育是否满意（　　）［单选题］

A. 很不满意　B. 不太满意　C. 一般

D. 比较满意　F. 非常满意

（三）调查数据

本次调查问卷回收有效答卷 113 份。其中男性为 37 人，占比 32.74%；女性为 76 人，占比 67.26%。

关于疫情防控期间的主要上课方式，选择“腾讯会议”的 74 人次，选择

“腾讯课堂”的78人次，选择“微信”的23人次，选择“QQ”的77人次，选择“钉钉”的20人次，选择“中国大学MOCC”的66人次，选择“学习通”的88人次，选择“其他”的8人次。关于更喜欢哪种上课方式，选择“直播教学”的54人，占比47.79%；选择“录播教学”的38人，占比33.63%；选择“作业巩固”的5人，占比4.42%；选择“文档自学”的16人，占比14.16%。

关于网络问题是否会影响线上学习，选择“是，家中没Wi-Fi，移动数据不够用”选项的有19人，占比16.81%；选择“是，家中有Wi-Fi，信号不稳定”选项的有36人，占比31.86%；选择“否，家中有Wi-Fi，且信号较好”选项的有56人，占比49.56%；选择“否，移动数据充足，且信号较好”选项的有2人，占比1.77%。关于上网课时是否会全神贯注，选择“总是”有5人，占比4.42%；选择“经常”有30人，占比26.55%；选择“有时”有58人，占比51.33%；选择“很少”有20人，占比17.7%。关于个人的主动学习情况，选择“主动完成学习情况”有23人，占比20.35%；选择“能够完成学习任务”有66人，占比58.41%；选择“不得不完成学习任务”有24人，占比21.24%。

关于上课的状态，选择“带着疑难有针对性地听讲或讨论”有16人，占比14.16%；选择“跟着老师的引导走”有73人，占比64.6%；选择“没有听讲，没有思考问题”有24人，占比21.24%。对于线上学习的优点，选择“不会因为疫情防控而影响新学期的学习进度”有64人次，选择“在家学习相对自由”有94人次，选择“课后交流更加便捷”有30人次，选择“提交作业方便”有37人次，选择“学习负担较轻”有23人次，选择“能培养自己的自主学习能力”有42人次，选择“其他”有9人次。

关于影响线上学习效率的主要因素，选择“自我控制力”有100人次，选择“平台的信息发布和互动能力”有49人次，选择“长期盯着屏幕眼睛不适”有81人次，选择“学习资源的可获取程度”有36人次，选择“网络质量”有38人次，选择“其他因素”有7人次。关于疫情防控期间，平均每天使用电脑或手机进行娱乐的时间，选择“1—2个小时”有12人，占比

10.62%；选择“3—5 个小时”有 48 人，占比 42.48；选择“6—8 个小时”有 41 人，占比 36.28%；选择“10 个小时以上”有 12 人，占比 10.62%。关于居家期间除线上学习外花费时间最多的活动，选择“看短视频”有 45 人，占比 39.82%；选择“看课外书”有 13 人，占比 11.51%；选择“打游戏”有 23 人，占比 20.35%；选择“运动”有 19 人，占比 16.81%；选择“其他”有 13 人，占比 11.51%。关于是否会自己制定学习计划，选择“除了完成老师布置的作业外，还会自己额外制定学习计划，如为考证做准备”有 46 人，占比 40.71%；选择“除了完成老师布置的作业没有其他学习计划”有 48 人，占比 42.48%；选择“完全没计划”有 19 人，占比 16.81%。关于对疫情防控期间的在线教育是否满意，选择“很不满意”有 8 人，占比 7.08%；选择“不太满意”有 26 人，占比 23.01%；选择“一般”有 56 人，占比 49.56%；选择“比较满意”有 19 人，占比 16.81%；选择“非常满意”有 4 人，占比 3.54%。

四、调查结论与建议

（一）调查结论

本次关于大学生居家学习情况的调查，结合多方面的问卷调查及数据分析，我们了解到有超过 65% 的大学生对疫情防控期间的在线教育感到一般或比较满意，有 7.08% 的大学生对疫情防控期间的在线教育很不满意。由此可见大学生对于居家在线学习的感受不一，说明在线学习既有可取之处也有问题存在。

在此次调查中，我们收回 113 份线上问卷，填写者来自湖南、广东、浙江、江苏、河南等多个省份，其中男性占 32.74%，女性占 67.26%。对这些问卷调查进行统计，我们得到了以下数据。

疫情防控期间的主要上课平台大多集中在学习通、腾讯课堂、腾讯会议、QQ、中国大学 MOOC 中。47.79% 的学生喜欢直播教学，33.63% 的学生喜欢录播教学，14.16% 的学生喜欢通过文档自学，4.42% 的学生喜欢通过作业巩固。对于学习的方式，各有各的优缺点，各人有各人的喜好，但喜欢老师直播授课的还是占多数，因为直播可以和老师更好地进行互动，提高学习效率。

居家线上学习十分考验大家的自觉性和自控力，64.6%的学生能在上网课时跟着老师的引导走，而21.24%的学生是没有听讲、没有思考问题的，只有14.16%的学生会带着疑难有针对性地听讲或讨论。除了老师布置的作业外，还会自己额外制定学习计划，如为考证做准备的，只有40.71%，42.48%的学生除了完成老师布置的作业就没有其他学习计划了。关于影响线上学习效率的主要因素，88.5%的学生认为是自我控制力。

线上学习需要良好的网络信号支持，大部分学生家中有Wi－Fi，且信号较好；有31.86%的人家中有Wi－Fi，但信号不稳定；家中没Wi－Fi且移动数据不够用的占16.81%。经过一段时间的网课学习，一个最明显也最主要的问题是，长期盯着电子屏幕容易引起眼睛不适。所以居家学习要线上线下结合起来，合理安排线上网课。

近年来，抖音等各大短视频平台风靡，浏览短视频成了花费时间最多的娱乐活动，20.35%的学生花费时间最多的活动是打游戏，16.81%的学生花费时间最多的活动是运动，11.51%的学生花费时间最多的活动是看课外书。

通过本次的调查，我们了解了疫情防控期间大学生的居家学习情况，在线学习能让我们学到新学期的新知识，但学习主要还是靠自己的努力、自觉，当代大学生还需提升自控力和学习主动性。

（二）调查建议

1. 针对在线学习的网络问题，学校可以为贫困生提供移动数据费用补贴。
2. 线上学习与线下学习相结合，缓解视觉疲劳，巩固知识点。
3. 大学生居家应多运动，既能锻炼身体，还能提高学习效率。
4. 在家学习要提高自控力，学会时间管理，做好计划，过充实的一天。

五、本组成员在社会调查过程中的收获和体会

曹琳：疫情防控期间，我校也采取线上教学的方式，通过这一次的调查，我了解到其实我的上网课状态和大多数同学一样，专注度整体不高。但是也有佼佼者能够自主且主动地完成学习任务，课后也会安排好自己的时间，这

让我真的很佩服。虽然这次社会调查缺乏了当面采访的环节，但是还是让我感受到了问卷的魅力，大数据能真实地反映一些情况。总的来说，这是一次收获良多的活动。

林云：经过这次社会调查，我了解到了大学生们在家的学习情况以及对网上教学的看法。我觉得调查结果比预想的要好，有一半的人都会完成学习任务，大部分人上课也会跟着老师的思路走，还有几乎一半的人会额外制定自己的学习计划。这些都表明现在大学生还是有自己的安排和想法，但是有部分学生缺少学习的自觉性，应该加强培养。

王露杰：就个人而言，我认为自己在家学习的状态并不理想，从刚上网课的新鲜到后来的麻木，这样的状态让我十分迷茫。经过调查，我发现大部分学生在家的状态都差不多，每天听听直播、看看录播，大多数人完成老师布置的学习任务后没有别的学习计划，这样的学习状态值得我们进行深刻地反思。在家学习极大地考验了我们的自控力，这既是挑战，也是一次改善自我、提升自己的机会。

王海燕：每一次任务都是一次学习，从来没有做过调查的我在这次任务中学到怎么制作问卷，怎么收集数据。尽管在收集数据的过程中不是那么顺利，但是只要想办法、能坚持，还是能得到我们想要的。我们这次的主题是疫情防控期间大学生居家学习状况，作为在校大学生，我们应该珍惜学习时间，去多做一些能提升自己能力的事情，为未来的职业生涯做好规划。

邱振杰：这次调查活动，从发现问题、确定主题、设计方案、设计问卷、整理、分析数据到撰写调查报告，充分发挥了我的学习主动性和积极性，锻炼了我的组织能力和实践能力。这是一次让人深刻的经历，它让我感悟到交际的技巧、实践的重要、团队协作的珍贵，以及做事要保持一个积极仔细的态度。这样的学习经历要比只学习书本上的知识更有趣，也使知识掌握地更实际、更具体，相信也会对我以后的工作有很大的帮助。

指导老师意见

调查疫情防控期间大学生在家的学习情况，能更好地了解大学生居家期间在线学习遇到的问题，可以为高校完善和创新线上教学提供现实依据和对策参考。本次调查问卷中的问题设置如能更深入问题实质，调查的样本如能更丰富，则能进一步提升社会调查的科学性，提升其社会价值。

侯旭平　袁帅

互联网空间中“00 后”大学生社会责任感研究

<table>
<tr><td colspan="2">学院</td><td>土木学院</td><td>班级</td><td>2018 工程造价 1 班</td><td>组长</td><td>曹阳</td></tr>
<tr><td rowspan="6">小组主要成员</td><td>序号</td><td>姓名</td><td colspan="4">小组分工</td></tr>
<tr><td>1</td><td>曹阳</td><td colspan="4">总体协调、材料整理与分析</td></tr>
<tr><td>2</td><td>葛思瑶</td><td colspan="4">材料整理与分析</td></tr>
<tr><td>3</td><td>边祉竹</td><td colspan="4">研究综述、研究成果报告撰写</td></tr>
<tr><td>4</td><td>邓琼莉</td><td colspan="4">研究综述、研究成果报告撰写</td></tr>
<tr><td>5</td><td>刘惠洁</td><td colspan="4">研究综述、研究成果报告撰写</td></tr>
</table>

一、选题目的和意义

互联网技术的发明与应用，使人类社会进入到现实空间与网络空间平行与交叉的双重时空中。“00 后”大学生从一出生开始就面临着一个无处不在的网络世界，因而往往被称为“网络原住民”。网络空间是亿万网民的精神家园，建设网络良好生态，是“00 后”青年的责任与担当。从国家层面的大政方针来看，《国家中长期教育改革和发展规划纲要（2010—2020 年）》把“着力提高学生服务国家服务人民的社会责任感”列为国家中长期教育改革和发展战略主题的核心内容。鉴于此，本选题的目的和意义在于：

1. 对当代大学生进行社会责任感教育是高等教育的重中之重，从学校教育、社会教育、自我教育角度，探究“00 后”大学生社会责任感培育路径，有助于高校思想政治教育的深入开展。

2. “00 后”大学生是活跃在网络空间中的主体力量，立足于虚拟世界和现实世界两个领域，探究网络空间中“00 后”大学生社会责任感的培育路径，有助于网络意识形态工作的开展。

3. 通过对责任感、社会责任感等相关理论的梳理与研究，再在理论研究的基础上探究网络空间中“00 后”大学生社会责任感的现实培育路径，有助于丰富和推进对大学生社会责任感的理论认知。

二、选题现有研究情况综述

本选题的相关研究主要涉及大学生社会责任感的内涵界定、“00后”大学生社会责任感现状、影响大学生社会责任感培育的因素和提升路径等方面。

（一）社会责任感的内涵厘定

关于社会责任感的内涵，学术界存在一定的分歧，主要有三种不同的看法。一是将社会责任感定义为一种价值取向和价值匹配。如郑永延认为社会责任感是指一定的社会背景下，个人从心理方面对他人的伦理关怀和义务感。郑世鹏认为，社会责任感指的是社会成员在日常生产和生活中所形成的调节自身与他人、社会以及自然关系的行为活动与价值评判。二是从心理动力学取向、行为主义取向、认知取向对社会责任感进行的界定。如任国忠从心理角度出发认为，是“个体对自己承担人类社会和自身发展的责任中做出的行为选择、行为过程及后果是否符合内心需要而产生的不同态度的情感体验”。杨茹从心理的构成要素出发，将责任感分为责任认识（知）、责任情感、责任意志和责任行为四大要素。三是将社会责任感界定为以责任研究为前提的责任价值和责任选择。徐立认为，社会责任感是指社会群体或者个人在一定社会历史条件下所形成的为了建立美好社会而承担相应责任、履行各种义务的自律意识和人格素质。

（二）互联网时代“00后”大学生性格特征的养成

在学者们看来，互联网对“00后”大学生性格特征的养成既提供了一定机遇，也带来了一些负面影响。李彦、李姮、江山、姚硕、刘玉新和钟戌显等认为，网络虽然有利于大学生独立性人格的发展，扩展视野，提升情绪及心理的相互感染力，但是由于大学生处于心智尚未成熟的阶段，缺乏对事物价值判断能力，自媒体异化风险等因素，也存在一定的弊端。正如殷鑫、窦立军、娄可可、杨柳等人所研究的，在互联网时代成长起来的“00后”大学生”，主要有明辨是非能力较弱、依赖性强、网络生存常态化、懂即自我等性格特征。为此，在一些情况下会产生对事物缺乏理性思考，辨识能力不足等状况。

（三）互联网时代“00后”大学生社会责任感现状

在对互联网时代“00后”大学生性格特征的深入研究中，学者们综合分析了“00后”大学生社会责任感现状。储兆晶、朱梁、胡圣知、周佳等认为，由于“00后”大学生受到网络上不同意识形态制度的文化冲击，以及学校教育教学活动，学生群体，家庭教育等多层次的影响，“00后”大学生存在社会责任感层面存在理想信念缺失，心理问题凸显，传统观念弱化等问题。这直接导致了一部分“00后”大学生在国家利益与个人利益、国家需要和个人发展的取舍上，持观望、摇摆不定的态度，对国家发展不能给予足够的关心，缺乏热情。

（四）互联网时代“00后”大学生社会责任感培育路径

现有研究中针对互联网时代“00后”大学生社会责任感培育路径的研究较少。学者们从不同角度提出了培育“00后”大学生社会责任感的现实路径。赵娟、高春莎、邹燕矫等认为，社会责任感的培养要以社会主义核心价值观为引领，以中华民族优秀传统文化为滋养，以大学生社会实践活动为载体，并以创新网络思想政治教育方式为手段。也有学者指出，大学生社会责任感的生成可以理解为“入耳”“入心”“入脑”“入情”的过程。

上述研究为本课题研究提供了重要借鉴，但也存在一定提升空间：第一，有关培养大学生社会责任感的理论研究文献数量众多，其中不乏对之前研究成果的再包装。第二，学者们一般是从总体上研究大学生社会责任感的培育，从互联网视角来重点分析“00后”大学生社会责任感的专门研究还相对较少。第三，就培育路径而言，学者们侧重于从学校教育这一角度来进行研究，从社会教育和自我教育的角度来进行的研究还相对较少。因此，重点研究互联网空间中“00后”大学生社会责任感的培育，具有重要的理论和现实意义。

三、研究性学习的成果

（一）“00后”大学生社会责任感的基本理论认知

1. 社会责任感及其构成要素

责任感是指社会群体或者个人在一定社会历史条件所下形成的，为了建立美好社会而承担相应责任、履行各种义务的自律意识和人格素质。从德育角度看，责任感是道德情感的重要组成部分。

责任感由责任认知、责任情感、责任行为三个部分要素构成：责任认识是前提，是社会群体或个人对责任的内容与意义的认识，以及对责任及其行为的正确感知、判断、理解和评价的能力。责任情感来源于认识，并随着认识的发展和科学世界观的逐步形成而不断丰富，丰富的情感反过来又能强化责任认识，扩大责任认识的深度和广度。责任行为是体现，是主体履行责任和义务的行为方式和行为习惯。

2. 互联网空间中“00 后”大学生的社会责任感

大学生作为一个思想活跃的知识群体，不仅应当具有历代知识分子所具有的忧国忧民意识和报效祖国的行为，而且还肩负着实现中华民族复兴的神圣使命，所以，当代大学生的社会责任感理应包含更丰富的内容。首先，“00 后”大学生的社会责任感可分为对自我责任感与对家庭、他人、社会群体和环境的责任感。其次，面向互联网空间，“00 后”大学生应自觉营造文明健康网络文化，自觉抵制不良网络谣舆论，做好治理网络生态的“建造者”与“监督员”。

（二）互联网时代培育“00 后”大学生社会责任感的时代意义

习近平总书记强调：“历史和现实都告诉我们，青年一代有理想、有担当，国家就有前途，民族就有希望，实现我们的发展目标就有源源不断的强大力量。”提升“00 后”大学生社会责任感的时代意义在于：

1. 社会责任感作为反映公民道德素养的“晴雨表”，其强弱与否已经成为判断大学生成长发展的重要衡量标准。增强“00 后”大学生的社会责任感是营造清朗网络空间的重要手段。

2. 大学生的社会责任感中包含其对自身、家庭、国家、社会应当承担的责任，增强“00 后”大学生的社会责任感是构建社会主义和谐社会的基础。

3. 大学生树立强烈而牢固的社会责任感，不仅关系个体理想信念的实践，更关乎国家与民族的未来，增强“00 后”大学生的社会责任感是当代社会进步发展的必然要求。

(三)“00 后”大学生社会责任感现状

1. 有一定奉献精神也更多关注自身利益

在处理个人与社会的关系问题时,“00 后”大学生会普遍愿意为社会做些力所能及的事、主动参与社会志愿服务,但是,在毕业的就业抉择时,多半的“00 后”大学生会选择符合自身长期发展或较为安稳的工作,只有少部分人会选择有利于国家建设的工作。

2. 对社会责任感理解认知的弱化和情感认同的迷惘

首先,新型的网络语言呈现出简洁缩略、个性创意、符号表达、自律弱化等特征。这种新型的语言形式在一定程度上冲击了现代汉语,也在一定程度上冲淡了大学生对社会责任感的理解认知。其次,“泛娱乐化”网络文化氛围使大学生流于庸俗与肤浅,进而使得其责任使命、家国情怀等逐渐偏移。

3. 虚拟世界的“热心肠”与现实世界的“冷漠者”同时存在

部分大学生沉浸在虚拟世界里,“手机控”“刷屏狂”不断涌现,这不仅影响了他们的身心健康,也严重妨碍了他们对现实世界的认知和参与。过度沉溺于网络游戏则模糊了青年学生的角色定位、责任认识。

(四)互联网空间中“00 后”大学生社会责任感培育路径

我们认为,可以通过网络世界和现实教学双管齐下,来加强培育互联网空间中“00 后”大学生的社会责任感。

1. 丰富和规范网络文化的内容供给

第一,要利用各种网络载体宣传社会主义核心价值观,从重大节日、地方文化、历史事件等入手,加强社会教育,使大学生具有全面的国家认同感。第二,信息监管部门要加强监督,通过建立信息研判机制,筛选、挖掘、推送兼具“正能量”和高质量的网络信息。第三,高校要把家国情怀、社会担当融入思想政治理论课教学、专业课教学、日常思想政治教育工作中,增强“00 后”大学生的社会责任认知。

2. 提升“00 后”大学生网络素养

第一,政府需要从组织保障、课程内容、教材建设、评价标准等方面,构建大学生网络素养教育体系，为网络时代青少年网络素养教育按下“快进键”。第二，学校教育应构建青少年网络素养教育体系，在现有课程体系之下，将网络素养相关的教育内容，全面、合理、科学地纳入学校教育各个阶段。第三，家长的网络素养、网络行为，对孩子有言传身教的作用。家长应先行一步提升自己的网络素养，以身作则，规范自己的网络行为，培养孩子理性、自主用网能力。

2. 强化社会责任感的实践体验

高校思想政治教育要加强实践教学环节，要带领同学前往地方博物馆、党史馆、红色文化展览馆等，实地感受先烈们为民族大义舍生忘死的爱国精神；要深入开展志愿活动，在志愿者服务制度化、经常化上下功夫，让“00后”大学生在志愿者活动中温暖他人，提高自己；要鼓励和倡导青年大学生到基层一线去学习和工作，学会奉献，懂得奋斗，增强社会责任情感。

3. 加强社会责任感的自我教育

互联网的普及为青年大学生在富足的网络资源中汲取科学文化知识提供广阔平台，为广泛参与社会事务和社会实践提供了新的途径和手段。在日常的学习和生活中，大学生要积极运用网络平台和互联网资源，多听、多看、多学习关于增强社会责任感的相关理论和实践内容。通过主动学习，增强自律意识，提升践行社会责任感的行动自觉。

四、尚存在的问题与下一步研究设想

（一）本研究性学习尚存在的一些问题

1. 实证研究的点和面都还过窄，当前研究着重于研究“00后”大学生的社会责任感现状，关于互联网影响方面的问卷调查数据和分析，需要进一步加强。

2. 基本理论问题的研究还不够透彻，对“00后”大学生社会责任感培育的内在机制研究，还需要进一步深化。

（二）下一步研究设想

1. 重新集中整理调研数据，重点研究互联网环境的多维影响。

2. 推进对培育路径研究的具体化和深入化，将互联网时代存在的网络信息传播速度快、传播范围广、网络舆情复杂等特点与大学生的社会责任感培育的相关性研究进一步深化。

3. 进行二次调研，研究以上培育路径的践行情况和“00 后”大学生的接受度。

五、本组成员在研究性学习过程中的收获与体会

（一）研究方法

在文献检索以及资料收集方面，学会了合理利用专业学术网站，如中国知网、万方数据库等，学会了基本的实证研究方法，如问卷调查、访谈等。在研究思路上，学会了在将研究主题进行横向和纵向分解的基础上，再进行文献检索、文献梳理和文献研究。

（二）理论认知

我们认识到，“00 后”大学生作为实现民族复兴大任的主力军，要有强烈的社会责任感。结合自身实际，我们也更深刻地理解了互联网空间中“00 后”大学生的责任与担任，以及有所为和有所不为。

（三）团队合作

面对疫情防控期间不能面对面交流探讨的困境，我们逐步找到了团队合作的正确方法，一是要有正确的分工，即小组间的合作不是简单的分块，而应该是集思广益下的集体讨论和研究。二是要合理利用互联网手段，利用网上调查问卷能形式采集研究数据。三是要团结一心，群策群力。

指导老师意见

作为网络原住民的“00 后”，其网络责任感的培育问题是互联网时代思想政治教育的重要内容。鉴于学习小组的学术研究能力限制，本研究报告在问题的概括和培育路径的考量中还过于泛化，但总体思路清晰，条理清晰，完成度较好。研究成果荣获湖南第六届大学生思想政治理论课研究性学习成果展示竞赛活动一等奖。

刘丽萍　齐素泓

五、青色系列

青色是重要的文化象征符号，自古以来被赋予了浓厚的中国传统文化内涵。本部分以“传承与弘扬湖湘传统优秀文化”为主题，组织学生开展社会调研活动。学生在教师指导下，以学习小组为单位，根据所在专业特点、学习兴趣确定调查研究选题。围绕以乡村古建筑、湘绣技艺、湖南花鼓戏等为代表的湖湘传统文化现状、开发与保护的路径、大学生对湖湘文化的认同等问题，开展专业文献研读、实地参观考察、走访专业人士、发放调查问卷、小组交流研讨等，在此基础上撰写社会调查报告或研究性学习报告。通过开展“青色”移动思政课堂系列活动，挖掘湖湘文化的历史文化资源，引导学生从这一绵延千年的优秀地域文化中体悟经世致用、自强不息、心忧天下的湖湘精神，做好优秀传统文化的忠实继承者和弘扬者，在坚定文化自信中体现当代青年大学生的担当作为。

湖南省乡村古建筑保护与修复研究

<table>
<tr><td colspan="2">学院</td><td>土木工程学院</td><td>班级</td><td>2018 级工程造价 1 班</td><td>组长</td><td>曹阳</td></tr>
<tr><td rowspan="6">小组主要成员</td><td>序号</td><td>姓名</td><td colspan="4">小组分工</td></tr>
<tr><td>1</td><td>曹阳</td><td colspan="4">总体协调、整体规划</td></tr>
<tr><td>2</td><td>边祉竹</td><td colspan="4">收集资料，撰写调研报告</td></tr>
<tr><td>3</td><td>张湘怡</td><td colspan="4">组织问卷调查，整理数据</td></tr>
<tr><td>4</td><td>徐思婷</td><td colspan="4">拍摄照片、视频，制作短片</td></tr>
<tr><td>5</td><td>李阳杰</td><td colspan="4">实地测绘，数字化建模</td></tr>
</table>

一、活动开展情况

为积极响应国家乡村振兴战略，贯彻落实团中央、团省委关于开展大学生暑期“三下乡”社会实践活动的有关精神，长沙学院马克思主义学院和土木工程学院联合组织了以“守民族根魂，助乡村振兴”为主题的暑期社会实践团。

本次我们采取了线上线下相结合的形式开展活动。根据任务分工，实践团队分为宣传组、调研组、实践组和建模组等。宣传组举行了“挖掘家乡古村落历史，传承中华古建筑文化”调研评比活动，动员全校学生积极参与探寻家乡古建筑、古村落活动，构建古建筑数据库，撰写古建筑保护调研报告；调研组和实践组成员分别前往湖南省新化县梅山、湖南省岳阳市屈原管理区河伯潭村、湖南省醴陵市沩山村等地进行实地测量测绘、理论宣讲和文艺表演，并拍摄制作相关宣传视频，弘扬古建筑文化；建模组对古建筑数据整理、分析、建档，利用 CAD（Computer Aided Design）、BIM（Building Information Modeling）等软件开展 3D 建模，将古建筑进行数字化保存，实现永久性呈现。

二、活动目的及意义

1. 志愿返乡调研，实现“云组队”新模式，助力传统建筑保护

历史古建筑是城乡记忆的物质留存，是人民群众乡愁的见证，是城乡深厚历史底蕴和特色风貌的体现，更是民族和国家文化的象征，具有不可再生的宝贵价值。对传统古建筑进行研究与开发，是保护历史文化的物质载体，是守护中华民族的精神家园，更是推进新时代精神文明建设的重要部分。

本社会实践团调研组成员志愿返乡开展调研，进行线上“云组队”“云会议”，明确分工，协同合作。老师和团队负责人通过线上集体会议与个别辅导相结合的方式，指导团队调研成员进行本土调研，避免活动聚集，开创一种全新的社会实践合作方式。通过收集古建筑调研表，组建古建筑数据库，并撰写古建筑保护调研报告，为古建筑保护献策。同时，社会实践团成员通过参与实践活动，投身于古建筑保护，增加了对历史古建筑的认识，提高了保护古建筑与综合利用传统文化遗产的意识，增强了对家乡历史文化的认同和情感，树立了更深沉的家国情怀，为成为担当民族复兴大任的时代新人鼓舞了斗志。

2. 聚力专业优势，巧用数字化新技术，助推传统村落建设

为了对传统村落进行有效开发保护，本社会实践团实践组成员发挥土木工程的专业优势，对古村落建筑进行了实地测量，建模组成员运用 CAD、BIM 和 3D MAX 等技术进行数字化转化。依托数字化信息采集与处理技术，把古村落建筑转换成数字化模型，即可以让我们直观的了解古建筑的空间结构，将古村落建筑永久储存，预防某些古村落建筑损害后无法修复等问题，为后续古村落文化遗存的重新修缮、保护研究及开发等提供数据服务支持，为古村落建筑的发展规划提供有效建议，助推传统村落建设。

3. “活化”非遗传承，制作宣讲微视频，助兴特色传统文化

当传统文化遇上新媒体技术，古老而低调的非遗古建筑文化被注入了新的生机与活力。为了把非遗古建筑文化传承下去，本社会实践团成员学习了解本地的非物质文化遗产知识，向村民进行了古建筑文化方面的宣传讲解，

运用遥感航拍等技术，录制了古建筑宣传及当地非遗文化有关的视频，通过“互联网＋文化＋旅游”模式，助力古村落旅游业产业发展。尤其是短视频，表现形式多样、视觉冲击力突出，在短短时间内，就能把非遗古建筑文化最美、最真实、最吸引人的一面展现出来。古老的非遗古建筑文化在新技术、新载体的助力下传播开来，社会影响力不断扩大，对于“活化”非遗传承、弘扬民族根魂、坚定文化自信、助力乡村振兴起到了积极推动作用。

三、活动内容

1. 举办调研大赛，传承古建筑文化

为了长沙学院的同学们能更深入地探寻家乡古建筑的历史意义，让更多人关注古村落、古建筑，本社会实践团在线上举行了“挖掘家乡古村落历史，传承中华古建筑文化”调研评比活动。在暑期“三下乡”活动期间，我校共152名志愿者报名参加，志愿者横跨十多个区县、二十多个乡镇，发放并回收有效调研问卷1033份，覆盖当地村民共计426户。通过实地考察、分析各研究地古建筑修复过程中的存在问题，完成收集古建筑调研表共453份，在广泛收集数据的基础上，团队建立起古建筑数据库，撰写了数份古村落建筑保护调研报告。

2. 构建3D模型，呈现古建筑经典

在众多古村落、古建筑里，本社会实践团选取了最有代表性的古建筑与古村落——龙潭桥、特恩堂进行数字化建模。3D打印组的组员们通过收集实地测量数据、绘制草图、设计交流、正式绘图、3D打印等多个步骤，选用了CAD、3D MAX等多种软件，施行曲面及其各种相交运算做成部件，同时将其实现智能组合，在建模绘图的同时可以绘制出仿真子模型，历时40余天，完成了既直观又美观的《龙潭桥竣工图》《特恩堂及其附属建筑》3D模型构建，为其保护、修缮和开发工作提供了专业技术支持。

团队将创新技术与调研地文化相结合，将当地文化具象化，并且将具象物形象地呈现在了人们眼前。通过3D打印技术，红色古建筑与非遗文化以生动的方式进入了人们视线。

3. 探访伟人故居，缅怀民族先辈

本社会实践团成员秉承着“宣传传统文化，挖掘红色故事”的初心，走访调研了周立波故居、周小舟故居、罗盛教故居等地，采访了当地居民，用照片和文字记录这些伟人的生平事迹。实践团宣传组将记录的文字、拍摄的照片和视频全部整理归纳后，制作了系列宣传视频、录制了相关团课。同时，实践团还制作了与故居相关的明信片，展示当地特色红色文化。

4. 发扬特色文化，保护非遗传承

文化的传承与回归要凸显中华文化中的本土特色，传承古建筑、古村落的特色文化是继承和发扬优秀中华文明的重要途径。本社会实践团成员调研了一些极具湖湘特色的村落。新化县，沉淀着梅山文化的精华，新化山歌、梅山武术、竹子戏、梅山九州舞、梅山土风舞、铜鼓唢锣都是梅山文化中极具代表性的艺术成果。沩山村，是醴陵窑遗址的核心区，拥有深厚的陶瓷文化与颇具湘东特色的传统民居。在沩山村调研时，实践团成员实地考察了供奉陶瓷祖师樊进德的古洞天寺，深入了解醴陵古窑产遗址与瓷器生产。除了实地走访、考察外，实践团成员还利用自己的文艺特长，向当代村民展示了传统舞蹈和茶文化。这些田野调查的成果，实践团也进行了详细记录，并制作了视频资料，为将来当地特色传统文化留下珍贵影像资料，为后续文化旅游资源开发利用奠定基础。

四、活动成果

本社会实践团队采取“互联网＋线下社会实践”的新模式，以传承湖湘特色传统文化为抓手，以助力乡村振兴为目标，以数字化新技术为手段，取得了丰富的活动成果。

1. 调研了解湖南各地多样文化及古建筑，横跨十多个区县、二十多个乡镇，涉及梅山文化、陶瓷文化等；

2. 发放并回收有效调研问卷 1033 份，覆盖当地村民共计 1000 余人，完成收集了每份 1000 余字的古建筑调研表共 453 份，并向当地政府提出了古建筑保护的有效建议，受到了地方政府和社会媒体的高度评价；

3. 以专业技能为依托，建立并完善古建筑数据库，建立古建筑 3D 模型 2 个；

4. 整理编辑 13 个精品宣传视频，视频总点击量近 30000 余次；完成宣传短视频 10 个，录制古建筑相关团课 6 个、采访视频 40 余个，总时长超过 8 小时；

5. 发布腾讯视频、抖音短视频、快手微视频 10 余个，转发量达 1500 多次，点击量多达 40000 余次；在微信公众号“筑梦土建”发布文章 7 篇，阅读量达 10000 余次。新湖南客户端、红网新化站、湖南 24 小时、凤凰网湖南和中国文化网等媒体进行了报道，新闻稿共 7 篇，社会影响力不断提升。

指导老师意见

本实践团队多年来依托专业特长优势致力于古建筑的修复和保护工作，其研究成果多次受到中央、省、市级的奖励和表彰。2020 年共青团中央授予该团队“全国大中专学生志愿者暑假‘三下乡’社会实践活动‘优秀实践团队’”荣誉称号。

刘丽萍　齐素泓

湖南省博物馆文化遗产保护与开发研究

<table>
<tr><td colspan="2">学院</td><td>生物与环境
工程学院</td><td>班级</td><td>2019 级功能
材料 2 班</td><td>组长</td><td>植汉梅</td></tr>
<tr><td rowspan="4">小组主要成员</td><td>序号</td><td>姓名</td><td colspan="4">小组分工</td></tr>
<tr><td>1</td><td>植汉梅</td><td colspan="4">总结调查结论与建议</td></tr>
<tr><td>2</td><td>林欣吉</td><td colspan="4">总结调查目的与意义</td></tr>
<tr><td>3</td><td>程涌平</td><td colspan="4">总结调查方法及具体实施步骤</td></tr>
</table>

一、调查目的和意义

湖南省博物馆是湖南省最大的历史艺术类博物馆，是首批国家一级博物馆，中央地方共建的八个国家级重点博物馆之一。湖南省博物馆自 1951 年筹建以来，就以保护、传承优秀历史文化为己任，集文物征集、收藏、研究、展示、教育、服务于一身。作为湖南省的文化地标，湖南省博物馆是代表中华区域文明的国家级重点博物馆，是人们了解湖湘文明进程、领略湖湘文化奥秘的重要窗口。经过半个多世纪的建设与发展，湖南省博物馆在陈列展览、社会教育、公共服务、文创开发、运营管理等方面成绩显著，现已成为中国最具影响力的博物馆之一，并跻身国际先进博物馆行列。

（一）调查目的

首先，文化遗产物化了中华民族发展史，是源远流长的中国历史的重要见证。加强文化遗产保护与开发，有利于继承和弘扬中华民族优秀文化和民族精神，提高民族凝聚力和创造力，增强民族自尊心和自豪感，扩大中华文明的国际影响。其次，文化遗产在我国经济发展中所起的重要作用有目共睹，文物景观带动了当地交通、商贸和旅游业的发展。加强其保护与开发不仅能推动人类科技和文化进步，还可以促进我国旅游业的经济发展。再次，文化遗产对人民群众有着强烈的吸引力和感召力。加强其保护与开发，有利于满足广大群众精神文化需求，提高思想道德水平。

（二）调查意义

本次社会调查的对象是湖南省博物馆，它是国家级重点博物馆，承载和反映了湖湘文明，是人类智慧的结晶与湖湘历史的见证。首先，这一调查是立足于文化遗产的保护，有利于优秀文化的传播。其次，该调研有利于加强文化遗址保护的宣传，让更多人有机会了解与探索湖湘文明，感受不同区域、不同时期文明的力量。党的十八大报告提出，为了实现中华民族伟大复兴，必须提高国家文化软实力，所以加强文化遗产的保护和开发不容懈怠。同时，我们还要传承与创新，不断地激发出新的思想与活力，这是文化延续、强化历史意义、建设文化强国的需要。

二、调查方法及具体实施步骤

（一）调查方法

此次社会调查采用的方法主要是：调查法、文献法、访问法、观察法、经验总结法。

1. 调查法：调查法是指为了达到设想的目的，指定某一计划全面或比较全面地收集研究对象的某一方面情况的各种材料，并做出分析、综合，得到某一结论的研究方法。

2. 文献法：文献法也称历史文献法，是指通过阅读、分析、整理有关文献材料，全面、正确地研究某一问题的方法。

3. 访问法：是指将拟调查的事项，以当面或电话或书面向被调查者提出询问，以获得所需资料的调查方法。访问法的特点在于整个访谈过程是调查者与被调查者相互影响、相互作用的过程，也是人际沟通的过程。

4. 观察法：是指调查者在现场从侧面对被调查者的情况进行观察、记录，以收集市场情况的一种方法。其通过调查者对被调查者的行为、态度和表现的观察来进行推测判断问题的结果。

5. 经验总结法：对实践中的具体情况进行归纳与分析，使之系统化、科学化，最终上升为经验，以指导后阶段研究工作。我们就调查和查询的结果进行了系统的分析和总结，让我们对本次研究对象有了更深刻的了解和认识。

（二）具体实施步骤

1. 编写大纲。明确我们调查湖南省博物馆文化遗产保护与开发问题的目的和意义，设想和方法。

2. 实地走访，搜索相关的故事和遗迹。我们到湖南省博物馆进行了参观和学习，了解了文化遗产在历史文化中的故事和意义。这里征集、典藏、陈列和研究代表自然和人类文化遗产的实物，并对那些有科学性、历史性或者艺术价值的物品进行分类。对于参观的游客进行采访，了解当地人或外地人对湖南省博物馆文化遗产保护与开发问题的关注与见解。

3. 搜集并鉴别有关的文献。通过在学校图书馆、中国知网等地查阅和收集大量与本研究相关的文献资料，为课题研究提供文献资料。我们详细了解了“长沙马王堆汉墓陈列”和“湖南人——三湘历史文化陈列”两个基本陈列和青铜、陶瓷、书画、工艺 4 个专题展馆。

4. 讨论宣传与保护方案的可实施性，并对方案进行试验，最终得出切实可行的方案。

5. 分析研究材料与方案，总结研究内容和结论，通过思考提出建议；最后成员写出自己的感想与收获，总结经验。综上完成调研报告。

三、调查内容（调查过程中获得的材料及数据）

（一）参观

湖南省博物馆位于长沙市开福区，馆藏文物丰富，特别以马王堆汉墓文物、商周青铜器、楚文物、历代陶瓷、书画和近现代文物等最具特色。馆内绿树成荫，环境幽雅，历年修建的老陈列楼、办公楼和新陈列大楼等建筑古朴典雅，各具时代特点。

新陈列大楼通过空调和楼宇自动控制系统保持温度和湿度的恒定，设备先进。楼内设有陈列展室等，展示、接待功能齐全。《马王堆汉墓》《湖南名窑陶瓷》《湖南省商周青铜器》《湖南十大考古新发现》《馆藏明清绘画》等常设陈列及临时展览在这里展出。出土自马王堆汉墓的文物是该馆的重要陈列品。有薄如蝉翼的素纱单衣、完好无损的印花敷彩丝绵袍、精巧绚料的刺绣、光亮如新的彩绘帛画和雕刻精致的木俑等。在参观过程中，我们也学到了不少关于馆藏文物的知识。马王堆汉墓文物蕴藏着太多神奇的传说与动人的故事。驻足于这批精美绝伦的文物中，愉悦的不仅是我们的眼睛，还有心灵。当我们步入这历史与艺术的殿堂，就开始不停地追寻着2000多年前中国文明的神奇与辉煌。

湖南省博物馆荟萃了湖湘大地的文物遗珍，展现了湘楚文明的来龙去脉，在当今喧嚣日甚的都市内，不失为优雅宁静的文化休闲去处，是了解湖湘文化的最佳窗口。

（二）实地采访记录

我们对参观马王堆汉墓陈列的路人进行了一段简单的采访。

组员："您好，我们是参与社会实践调查的大学生，调查主题是湖南省博物馆文化遗产开发与保护问题，可以耽误您几分钟时间进行一个简单的采访吗?"

被采访者："好的，有什么需要我帮助的吗?"

组员："请问您是长沙本地人吗?"

被采访者："不是的，我们是从外地过来玩的。"

组员："可以问问为什么会选择来这里参观吗?"

被采访者："长沙是个有历史韵味的城市，所以我们想来博物馆感受一下。"

组员："原来是这样啊，湖南省博物馆1951年就开始筹建了是湖南省最大的历史博物馆。请问您参观之后有什么感想吗?"

被采访者："刚才参观马王堆汉墓陈列确实被震撼了，这里有很多几千年前的东西，难以想象管理和保护好这样珍贵的文物多不容易，而且想到这些文物未来也会在这里给后人展示，更觉得很了不起。"

组员："是的，这些文物拥有着承载历史的力量，拥有无法被衡量的价值。请问您对文化遗产的保护了解吗?"

被采访者："这个我了解的不是很多，只是觉得文物保护应该特别难，些竟它们不仅价值高，更是很多代人心里的寄托与信仰。”

组员：“是的，那么关于文物开发您有什么看法呢?”

被采访者：“我觉得文物开发的工作是需要被大家迫切支持的，每一个文物被开发出来，重新出现在大家的面前都是一种震憾，虽然不知道这个工作是如何进行的，但是我对于文物开发工作的从业者都挺敬佩的”。

组员：“好的，特别感谢您的配合。”

（三）调查问卷

关于湖南省博物馆文化遗产保护的了解与看法的调查问卷

1. 您的性别（　　）［单选题］

A. 男　　B. 女

2. 您的年龄（　　）［单选题］

A. 18 岁以下　　B. 18—21 岁　　C. 21—25 岁　　D. 25 岁以上

3. 请问您来自（　　）［单选题］

A. 中国　B. 外国

4. 请问您是通过什么渠道认识湖南省博物馆的文化遗产（　　）［多选题］

A.《国家宝藏》等电视节目　　B. App 的推荐

C. 互联网　　D. 报纸杂志　　E. 同学、老师的介绍

5. 您最关注的展览是（　　）［多选题］

A. 马文堆汉墓陈列　　B. 宋代人慢生活镜像展　　C. 秘鲁古代文化

D. 三湘历史文化陈列展　E. 潇湘古琴文化展　　F. 其他

6. 参观过程中让您印象最深刻的是（　　）［多选题］

A. 展馆陈列　　B. 展馆布局设计　　C. 文物的介绍

D. 纪念品　　E 其他

7. 您认为湖南省博物馆的优点有（　　）［多选题］

A. 陈列品多，可以拓宽眼界　　B. 景点免费，容纳观众数量多

C. 文物的历史悠久，有利于了解历史　　D. 讲解到位

8. 您认为湖南省博物馆的文化遗产保护工作做得怎么样（　　）［单选

题]

A. 不了解　　B. 很好　　C. 一般　　D. 比较差

9. 您认为文化遗产保护和开发是否有必要（　　）[单选题]

A. 很有必要　　B. 有必要　　C. 有一定必要　　D. 没有必要

10. 您认为湖南省博物馆服务存在哪些问题？　[填空题]

11. 您对湖南省博物馆有哪方面的建议？　[填空题]

12. 您对文化遗产的开发有什么期待？　[填空题]

（四）调查结果

为了了解参观者对湖南省博物馆的了解情况以及对文化遗产保护与开发的看法，以便更好地对文化遗产进行开发与保护，我们制作了一份调查问卷，并收集了 80 份调查结果。从我们收集到的问卷的结果来看，湖南省博物馆知名度很高，有 17% 的填写者表示来自外国且通过多种渠道了解到湖南省博物馆。从了解的渠道来看，只有 9% 的填写者是通过报纸杂志和同学老师介绍，说明在报纸杂志上的宣传还有待提高。从最关注的展览来看，78% 的填写者都很关注马王堆汉墓陈列。其保存完好的墓葬结构及丰富的随葬品，确实满足了大部分的参观者。也有 5% 的填写者对于短期的展览很感兴趣。不定期举办的特别展览把不同区域、不同时期的文明呈现给观众，也是湖南省博物馆对文化遗产保护的体现。从参观印象来看，64% 的填写者都很满意展馆的文物介绍。参观者认为湖南省博物馆讲解人员的数量不足，不能保证每个参观者都有很好的参观体验。在文化遗产的保护与开发上，湖南省博物馆已经做得很好了，是一所文化遗产保护和利用的珍宝库。但是参观者对于文化遗产的开发有更高的期待，希望多举办形式多样的讲座、论坛与教育活动，在线使用更为丰富的数字资源，进一步体验博物馆功能，成为文明演进与文化传承的见证者和参与者。

四、调查结论与建议

（一）结论

该调查主要针对湖南省博物馆文化遗产的开发和保护现状进行调查分析，

调查结果发现：湖南省博物馆之中的文化遗产基本上已经被完全开发，并且在文物保护方面的措施基本上也比较完善。

1. 警戒线的设置。在参观过程中，我们发现博物馆在文物展示柜台外面都会设置一定的警戒线。让参观者与文物之间保持一定的距离，避免参观者对展示文物的触碰，也规避了一些不必要的风险。

2. 安排巡视的工作人员。在参观过程中，我们时常会看见工作人员在人群中巡视，当看见有参观者触碰文物外部的玻璃柜面时，工作人员会及时劝阻，并擦掉留在玻璃面上的痕迹；对不能拍照的文物，工作人员也会及时劝阻要拍照的参观者。

但是，湖南省博物馆在文化遗产的保护和开发上，也存在着一定的问题：

1. 宣传方式比较单一。小组在参观博物馆时，发现只有一个讲解员，而且只依靠讲解员的单一讲解，很难让参观者深入了解文物的历史文化，也难以给参观者留下深刻的印象。

2. 缺少文物历史资料的详细介绍。我们在参观时发现，很多文物都只有一个朝代和名称，缺乏相关资料介绍文物的来源与历史。虽然在文物的玻璃柜面上有关文物历史资料的二维码，但是对于一些不熟练电子产品的老人与年龄较小的学生来说操作不便。

（二）建议

通过实地调查、经验总结，同时结合相关文献等方法，对湖南省博物馆文物的保护与开发提出以下建议：

1. 加强对库房的管理。文物是人类社会活动中遗留下来的具有历史、艺术、科学价值的遗物和遗迹，是不可再生的国家资源。文物有可移动和不可移动之分。博物馆是可移动文物的主要收藏单位。藏品是博物馆的基础，文物库房是收藏、管理、研究、保护国家文物遗产的重要场所。如果库房管理不善，造成藏品损伤、焦脆、缺失、霉变、虫蛀、生锈、脱线、褶皱等状况出现，将导致藏品的质量下降、寿命缩短、文物研究价值降低，国家财产就遭到严重损失。因此博物馆应加强库房管理，为延长藏品寿命创造有利的环境。

2. 加强博物馆管理队伍的建设。由于目前博物馆管理人员配置不合理，在一定程度上阻碍了文物保护工作的正常开展，因此，需要对博物馆管理人员进行重新配置，并且加强对文物修复、鉴定、保护等管理方面技术人才的培养工作，从而有效提高文物保护水平。另外，管理人员需要不断提升自身综合素质水平，从而有效提高文物保护管理工作水平。同时，还需要加强管理队伍的建设，例如积极引入先进管理、技术人才，积极指导本馆管理人员前往其他博物馆参观学习，从而对本馆文物保护工作现状进行有效改善。

3. 加大湖南省博物馆文物宣传力度。改变其单一的宣传方式，可以在报刊、电视广告和微信公众号上进行宣传，也可以设置一些与参观者互动的环节，或者也可以送一些与文物有关的小挂饰，加深参观者的印象。

4. 完善重点文物的基本信息。在展厅外摆放展厅重点文物的基本信息，让参观者先大概了解一下博物馆的展示文物，也可以多展示一些文物相关的图片和文献资料，便于游客们进行仔细游览，既能宣传文物的历史文化，又能使游客有所收获。

五、本组成员在社会调查过程中的收获和体会

植汉梅：通过这次对湖南省博物馆的调研，让我们更加了解到当代的博物馆不仅是一个怀古思今的地方，而且已经成为我们获得知识、接受熏陶、收获启迪的重要文化场所之一。在参观湖南省博物馆时，我们看到了许多古代人民遗留下来的文物，那些文物都体现了我们古代人民的智慧与文化成果。

林欣吉：通过这次对湖南省博物馆的调研，我了解到这是一处欣赏与创新交融的公共文化空间。馆内常设展览包括“马王堆汉墓陈列”“湖南人”和青铜、陶瓷等艺术品专题，在时空中再现文明互鉴和文化交流的历程，精彩的展品与科技展示手段相得益彰，让我感受到自身与历史、与艺术之间的连接。在这次的调查中，我通过实地考察、查找文献资料以及小组讨论，意识到作为当代大学生，我们有责任和义务对文化遗产进行保护和传承。

程涌平：通过这次参加湖南省博物馆文物保护与开发的社会实践调查，我发现其实很多人对于文物保护与开发的了解并不多，每一件文化遗物代表

的不仅是它那个时代的兴衰或某一个历史人物的一生，它还承载了整个历史文化的变更与传承，是每一代人的寄托与信仰。如今越来越多人通过参观博物馆感受文物散发的魅力和历史的韵味，对于文物的保护与开发也因此得到越来越多的重视，我们希望现在的每一件文物都能永远的流传下去，同时也能有越来越多的文物被发掘，重新展现在人们的面前、时代的面前。

指导老师意见

本研究小组围绕主题通过实地调查、问卷调查，结合文献研究等方式方法，对湖南省博物馆文物的保护与开发进行了调查研究，在感受湖湘文化魅力、接受湖湘文化洗礼的同时，从大学生的视角提出了一些对策建议，体现了新时代大学生的责任与担当。

齐素泓

湘绣传承与创新中的工匠精神研究

<table>
<tr><td colspan="2">学院</td><td>法学院</td><td>班级</td><td>2017 级法学 1 班</td><td>组长</td><td>李小兰</td></tr>
<tr><td rowspan="6">小组主要成员</td><td>序号</td><td>姓名</td><td colspan="4">小组分工</td></tr>
<tr><td>1</td><td>李小兰</td><td colspan="4">撰写选题目的与意义</td></tr>
<tr><td>2</td><td>李勤翰</td><td colspan="4">撰写现有研究情况综述</td></tr>
<tr><td>3</td><td>肖诗诗</td><td colspan="4">总结研究性成果</td></tr>
<tr><td>4</td><td>何治仪</td><td colspan="4">撰写下一步研究设想</td></tr>
<tr><td>5</td><td>辜荷香</td><td colspan="4">撰写研究性学习的收获与体会</td></tr>
</table>

一、选题目的和意义

（一）湘绣具有十分重要的非物质文化遗产价值

湘绣，中国四大名绣之一，是一种形成于清代后期、风格独特的刺绣体系，历史悠久。其作为一种工艺美术，在诗、散文、小说等题材的作品中多次出现，为文学创作提供了丰富的素材。作为成名已久的绣种，湘绣产业在此前很长的一段时间里，推动着湖南经济的发展，具有较高的经济效益价值。

（二）湘绣行业存在的问题亟待解决

湘绣产业在近几年的发展中，企业数量增多，产业链已经建立起来，销售模式和绣品种类均有所创新。但在发展的过程中也出现一些问题：首先是规模进入瓶颈期，难以扩大；其次是版权缺乏保护；再次是市场无序竞争严重；最后是专门人才不足。这些问题无一不制约着湘绣的发展。

（三）传承湘绣技艺，弘扬工匠精神

我国民间工艺美术从装饰纹样、工艺制作、艺术风格等方面反映着不同时代的社会文明。湘绣作为中国非物质文化遗产，在传承中发展、在发展中创新，既表现在一代又一代湘绣大师技艺的传承，更表现在其认真细致的品质、追求完美的工匠精神。可以说，湘绣是湖湘文化和工匠精神的载体。要传承湘绣技艺，就必须号召年轻人用新思维做新时代的工匠，弘扬工匠精神，展示其所蕴含的湖湘文化自信，扩大湖南文化的影响力。

二、选题现有研究情况综述

为掌握现有关于湘绣传承及其工匠精神的研究情况，我们查阅了中国知网、万方数据等平台，共检索到相关论文 19 篇，其中与我们调查相关的有 8 篇。主要观点如下：

（一）关于湘绣的传承与发展研究

刘靓（2014）提出应由政府牵头，给予政策扶持和法律护航、促进校企之间、企业与企业之间的交流和合作，同时可与旅游业相结合，加强对外交流，提高湘绣的知名度；秦显韩（2018）认为湘绣要传承，要注重人才的保留培养和湘绣产品的创新。

（二）关于湘绣在传承与发展中如何弘扬工匠精神的研究

杨文（2018）以湖南工艺美术职业学院非遗类专业湘绣艺术为例，认为培养学生的工匠精神要与专业课程教学实践相结合，在教学中优化教学内容、创设教学环境。

综上所述，现有研究主要从政府扶持、人才培养、产业创新等角度探讨湘绣的传承及其工匠精神的弘扬，本报告在即有研究的基础上，通过调研湘绣发展的历史及现状，进行更深层次的分析，力求弘扬工匠精神、推动湘绣发展、传承湖湘文化、扩大湖南文化的影响力。

三、研究性学习的成果

（一）了解湘绣的“前世今生”

1．湘绣的起源

湘绣源自湖南，与苏绣、蜀绣、粤绣并称为中国四大名绣，是一种具有湘楚文化特色的民间工艺。湘绣的“前世”可追溯至两千多年前春秋战国时期的民间楚绣和汉绣，几经兴衰，逐渐成为一种具有显著湘地特色的刺绣艺术。20 世纪初，湘绣的发展达到鼎盛时期，以其独特的风格在中国刺绣业中独占鳌头，在国内外均获殊荣，知名度和影响力不断扩大。这样，湘绣作为湖南地区最具代表性的民间刺绣工艺，经过历代湘绣画师与刺绣工艺大师们的不懈努力与创新，才形成了以鬅毛针为代表的颇具特色与魅力的艺术风格。

2. 湘绣的发展

湘绣的起源为其发展奠定了基础，又在湘绣人精益求精的匠心打造下，在艺术风格等方面取得了一系列发展。刺绣艺人们把中国画移植到绣品上，巧妙地将国画、刺绣、诗词、书法、金石等各种艺术融为一体，打造出“绣花花生香，绣鸟能听声，绣虎能奔跑，绣人能传神”的湘绣。湘绣先后参加过日本、巴拿马、美国等地举办的国际博览会，多次获得优胜奖，在国际市场上享有盛誉，一张“名片”就此打响，同时打开了国际市场的大门，以产业化方式走向世界，带动当地大批就业，促进了湖南经济的发展。

3. 湘绣的价值和地位

2006 年 5 月 20 日，湘绣成功入选第一批国家级非物质文化遗产保护名录。湘绣作为中国非物质文化遗产之一的绣种，在数千年漫长的发展过程中不断融合和吸纳各种地域文化，具有深厚的历史价值和文化价值。同时，经过艺术和技艺的不断交流、历代绣工和画师的共同努力，逐步完善了湘绣独立的风格与技艺体系，使其精湛的工艺具有极高的艺术价值。另外，随着经济的发展，人们逐渐开始对民族传统工艺文化资源加以开发利用，使湘绣蓄力创新，获得了良好的社会效益。

如今，湘绣成为湖湘文化乃至中华文明的重要名片，以其浓厚的楚地文化特色和高深刺绣技艺而享誉世界，更是湖湘人民两千多年来不断传承与创新的劳动结晶。湘魂楚韵，一针一线见证岁月经典，走笔之间尽显匠人精神。

（二）湘绣与湖湘文化间的关系

湘绣起源于湖南，与湖湘文化有着千丝万缕的联系。湘绣在湖湘视觉文化元素的发掘与对接中，取其“形”，延其“义”，传其“神”，在继承中求创新。它深受湖湘风土人情的影响，由此成为湖湘文化深厚底蕴的表现之一。

1. 湘绣凸显湖湘文化底蕴

湖湘文化源远流长，是孕育湘绣的母体。越来越多的绣工与设计师纷纷将湖湘文化作为自己创作灵感的来源，将湖湘风景名胜、湖湘传统图案等融入湘绣的创新探索中，人们可以通过湘绣作品这个载体更直观地感受湖湘本土文化。

2．湘绣蕴含湖湘人文精神

在湖南一些古老的村落，仍可看到为情人绣荷包、为自己绣嫁衣、为儿女绣围兜的身影。湘绣发自民间而又广泛运用于民间的各种场所，或寓意，或祈福，其发展伴随着湖湘人民原生态的精神意志而存在。它传承了湘楚文化中的浪漫主义，一针一线的绣制将湖湘人民的情感、人文精神表露无遗。

一方水土养一方人，湖湘文化潜移默化地影响着一代代湖南人，湘绣人的绣花针便将这文化体现得淋漓尽致。由此可见，湘绣取得长足发展，是湖湘文化的传播，更是湖南文化影响力扩大的体现。

（三）湘绣传承体现工匠精神

中国传统文化几千年生生不息，靠的是一代又一代人的坚守与执着，靠的是精益求精、不断创新。湘绣传承人最令人敬佩的，就是他们对自己所从事职业的热爱和忠诚，并不断在创新与发展的道路上探索，体现出爱岗敬业、精益求精的“工匠精神”。

1．湘绣传承中的工匠精神

绣工工资低、福利待遇差、社会地位不高，导致湘绣人才流失严重，但也有人坚守初心。刘爱云，十岁便与湘绣结下不解之缘，从爱好到职业，耄耋之年仍在校授课，将毕生钻研习得的刺绣针法、技巧传授给新一代湘绣人。对于湘绣，她除了深沉的爱以外，还对湘绣技艺传承满怀着高度的使命感和责任感。“六十载春秋，绣黼生涯一针一线；上百幅精品，才智凝聚亦幻亦真。”她用她的人格魅力影响着一代代湘绣传承人。柳建新，十五岁学湘绣，五十多年来一心钻研湘绣艺术，在行业很不景气遇到困难的时候，也曾想过放弃，但内心的责任感和坚定的信念促使其在传承与发扬湘绣的路上矢志不渝：“一辈子能够做好一件事，我就知足了。”她和女儿刘雅，一家两代湘绣传承人，其数十年的坚守正是秉承了工匠精神。刘雅，年少时耳濡目染，情系湘绣的种子悄悄萌芽；留学海外，在文化的碰撞中感悟湘绣的传承；海归伊始，放弃高薪潜心创作；始终坚持，忠于职守不断寻找湘绣艺术的更高境界。

在湘绣的传承中，像刘爱云、柳建新、刘雅这样的匠人还有很多。“湘女情，情系湘绣；湘绣缘，缘定终生。”也许，这就是湘绣传承人的工匠精神和她们的情怀。

2．湘绣创新中的工匠精神

只有怀揣工匠精神，才会有湘绣传承人的不断钻研思索，在一点一滴的钻研思索中创新。近年来湘绣呈现出了诸多新气象：传承模式上，转变传统的师徒模式，使湘绣进入高校，通过正规教育，使正处于人才断层中的湘绣继续焕发活力；技艺创新上，继承传统湘绣技艺，同时从题材、绣稿、技法、材料、装裱、应用领域等方面进行全面创新。产业升级上，变单打独斗为聚集园区。2004 年建立的“湖南湘绣城”，凭借湘绣的特色产业资源，逐步形成了“绣工＋绣站＋公司＋市场＋乡村基地建设＋互联网”的综合业态体系，抢抓“一带一路”带来的新机遇，通过创新融合，积极“走出去”拓展海外市场，助推湖南产业转型升级。

（四）以工匠精神助力湘绣发展、传承湖湘文化，助力文化强省建设

2019 年 4 月 19 日中共中央召开会议，指出要以习近平新时代中国特色社会主义思想为指导，培养担当民族复兴大业的时代新人，不断提升中华文化影响力。我们要实现新时代人们的美好生活，离不开文化文艺事业的繁荣发展。湘绣是湖湘文化的名片，现在却面临着传承上青黄不接的问题，湘绣未来的发展不仅需要政策的扶持，更需吸引有工匠精神的年轻人来坚守和传承。

第一，要有“匠心”。湘绣需要传承，传承要靠人才，而现状却是湘绣人工资低、福利待遇差、社会地位低，培养出一个绣工需要数十年的时间，人才流失严重。习近平总书记在十九大报告中指出，要弘扬劳模精神和工匠精神，营造劳动光荣的社会风尚。湘绣需要新鲜血液的注入，需要新时代的年轻人树立正确的就业观，尊重劳动、崇尚劳动，自主自愿弘扬工匠精神，传承湖湘文化。

第二，要不忘“初心”。绣工们从小学绣，要经过 20 多年的磨炼才能成

为真正的“绣娘”，在日复一日烦琐艰辛的工作中，只有不忘初心，才能坚持不懈地将湘绣这一行业发展下去。

第三，要充满“信心”。湘绣行业正处于重拾辉煌的时代，年轻人要坚信传承两千多年的湘绣所蕴含的湖湘文化的影响力，这样才能坚定不移迈向成功。

第四，要有“创心”。湘绣的未来需要依靠技术和产业创新。年轻人在继承的同时也要不断创新，不断为湘绣行业的发展献计献策，以湘绣未来的发展助推湖湘经济和文化的发展。

湘绣作为湖南地区独特的非物质文化遗产，对于传承湖湘文化、扩大湖南文化影响力具有十分重要的意义和价值，所以，我们应该发扬和提倡工匠精神，号召更多人来投身湘绣事业，传承这一宝贵遗产，将之不断发扬光大，助力湖南文化强省建设，增强湖湘文化自信。

四、下一步研究设想

（一）研究存在的问题

1. 这次研究性学习一开始在资料的收集上缺乏明确的方向，导致资料搜集过多、过杂，从而影响了研究的速度和效率。

2. 由于时间较紧，我们对如何以湘绣为例弘扬工匠精神，传承湖湘文化研究还不是很深入。

3. 关于这一研究主题，我们实际的调查走访还不够，致使对问题认识不够深入。

（二）下一步研究设想

首先，围绕这一选题，进一步查找相关资料，拓展研究的深度和广度。

其次，我们计划采访一些湘绣传承人，了解更多关于湘绣传承和工匠精神的知识。我们还将对湘绣市场进行走访调研，获取更多的一手资料。

最后，我们将结合法学专业，就湘绣的知识产权保护问题做进一步研究，力争写作相关主题论文一篇。

五、本组成员在研究性学习过程中的收获与体会

1. 知识得以拓展

在学习中，我们更多地了解了湘绣、湖湘文化、工匠精神，知识广度得到了极大拓展。从湘绣大师的案例中，我们感受到他们用一生坚守匠心，大胆创新、传承文化，这使我们加深了对工匠精神的理解和感悟，也使我们被湘绣中蕴含的湖湘文化的魅力深深折服。

2. 能力得到提升

通过这次研究性学习，我们学会了如何与组员更好地沟通交流，也体会到了团队协作的重要性。另外，我们的资料查找能力、文字表达能力、社会实践能力都得到了锻炼和提升。

3. 精神得以提振

透过湘绣，我们看到了传统湘绣手艺人的坚持和匠心，正如青年湘绣大师刘雅所说："我觉得全民族都要有工匠精神。"我们大学生要学习湘绣人的坚持、专注、认真、责任，把这些精神和品质融入学习和生活之中。同时，我们还感悟到湘绣所体现的湖湘文化的精髓：吃苦耐劳、敢为人先、与时俱进。作为湖湘学子，我们也应该学习和传承这种精神。

指导老师意见

湘绣是湖湘文化的名片，也是大国工匠精神的载体。该研究性学习小组，探讨湘绣传承与创新中的工匠精神，倡导青年一代弘扬工匠精神，助力湘绣发展、传承湖湘文化，扩大湖湘文化的影响力。研究小组分工合理、团结合作，在知识、能力、精神方面收获颇丰。

严向远

湖南花鼓戏的传承与创新研究

<table>
<tr><td colspan="2">学院</td><td>生物与环境工程学院</td><td>班级</td><td>2017 级应用化学 1 班</td><td>组长</td><td>胡思佳</td></tr>
<tr><td rowspan="6">小组主要成员</td><td>序号</td><td>姓名</td><td colspan="4">小组分工</td></tr>
<tr><td>1</td><td>胡思佳</td><td colspan="4">撰写选题目的与意义</td></tr>
<tr><td>2</td><td>刘青青</td><td colspan="4">撰写现有研究情况综述</td></tr>
<tr><td>3</td><td>张倩</td><td colspan="4">总结研究性成果</td></tr>
<tr><td>4</td><td>王天亮</td><td colspan="4">撰写下一步研究设想</td></tr>
<tr><td>5</td><td>魏威</td><td colspan="4">撰写研究性学习的收获与体会</td></tr>
</table>

一、选题目的和意义

（一）选题目的

党的十九大报告指出，要在坚定文化自信中弘扬优秀传统文化。拥有两百多年历史的湖南花鼓戏是中华优秀传统文化的组成部分，如今面临的传承发展后继无人的局面值得关注。此课题旨在对湖南花鼓戏传承的现状，以及当代青年在文化传承中使命进行研究，为传承和弘扬湖南花鼓戏这一优秀地方传统文化提供理论指导和方法启迪。

（二）选题意义

1. 有助于展现花鼓戏的特色。让社会大众尤其是青年感受到它的魅力，让更多的人去了解它，让青年认识到继承传统文化的使命担当，从而实现花鼓戏传承的艺术价值、社会价值和文化意义。

2. 有助于更好地弘扬地方传统文化。让当地居民开始重视花鼓戏文化，从而形成鲜明的地域文化特色，提高花鼓戏的知名度，以此来带动当地旅游业的发展。

3. 对于挖掘湖南民间文化艺术和研究中国戏曲发展史有一定的促进作用。本课题研究将采用理论与实践结合的方法，在全面了解湖南花鼓戏文化的基础上，解决湖南花鼓戏在继承方面所面临的一些问题，让中国戏曲更加丰富多彩。

二、选题现有研究情况综述

经查阅中国知网、万方等数据库，我们对与本主题相关研究成果进行了归纳与整理。

（一）湖南花鼓戏传承面临的问题

朱咏北指出，专业表演人才流失、创作人员缺乏、管理模式滞后、戏曲内容陈旧、传承方式落后、资金严重短缺等，都是湖南花鼓戏传承面临的问题。其中，最主要的问题是由于后继无人所导致内容陈旧，创新乏力。范正明则指出，经济的快速发展丰富了人民群众的娱乐方式，电子产业的迅猛崛起改变了人民群众的生活方式，导致了演出市场持续萎缩、演出剧团被迫解体、艺人纷纷改行、传承人老龄青黄不接等一系列的生存问题。任艳平认为其问题主要在于青少年对花鼓戏兴趣的缺失，并且花鼓戏的宣传不到位，导致大部分青少年不了解花鼓戏，更不用说传承花鼓戏了。董宁则将湖南花鼓戏传承面临的问题主要归纳为两点：一是湖南花鼓戏自身剧目与曲目的陈旧，二是湖南花鼓戏发展经费严重缺乏，导致财力支持不够。

（二）湖南花鼓戏的发展思路

朱咏北指出要做好湖南花鼓戏的传承工作，有必要从加大宣传力度、建立健全传承人保护与培养机制、改进剧团的管理模式、加大政府的扶持力度以及鼓励研究、整理与创作、创新等方面着手，促进湖南花鼓戏向好发展，使湖南花鼓戏的艺术生命与历史文化价值得以赓续。陈慧则提出了建立花鼓戏文化生态园、保护非物质文化遗产，文化名城建设与湖南花鼓戏保护相结合，将湖南花鼓戏纳入素质教育课堂，立法保护民俗文化等措施。董宁认为应加强湖南花鼓戏的理论研究和保护工作，加强花鼓戏自身的创新，加大资金投入，进行全面宣传和推广工作。许艳文就此提出了四点建议：政府高度重视，加大扶持力度；增强创新意识，不断改革发展；培养戏曲票友，争取戏曲观众；强化市场运作，增强品牌意识。

（三）青年与传统文化

对于青年在传统文化中的作用和青年在传承传统文化的大潮中存在的问题与不足，徐彩勤、胡邦宁等多数学者有着相似的见解。基本达成的共识有：

1. 相对于儿童群体、中年群体和老年群体，青年群体是传承优秀传统文化的中坚力量。青年对民族文化精神的传承是保持传统文化生命力的重要保障，使得民族文化的特质得以存续。同时青年是传承优秀传统文化的核心群体，是传统文化创新的核心力量，离开了青年谈继承和发扬，无异于失去了文化传承的源头活水。

2. 传统文化的学习渠道不畅通，青年缺乏学习途径。首先，绝大多数青年并没有机会亲身接触到传统文化，传统文化的学习渠道受到阻碍。其次，传统文化的传播形式简单，青年缺乏学习兴趣。而青年缺乏对传统文化的学习兴趣，很大程度上是因为青年不了解传统文化而产生的畏惧心理。

3. 青年群体传承优秀传统文化，最终落脚点在于与时俱进地创新传统文化。

总体来看，学者们对湖南花鼓戏传承面临的问题、湖南花鼓戏的发展思路、青年与传统文化等方面均有研究，对所面临问题的研究较为深入，但在发展思路上还需要有更多拓展。因此，深入研究当代青年在湖南花鼓戏的传承中的历史担当很有必要。

三、研究性学习的成果

我们研究性学习小组通过查阅文献，小组讨论与社会实践学习获得了以下学习成果。

（一）花鼓戏的发展、内涵及价值

丰富内涵：花鼓戏是广泛流传于湖南境内的民族民间戏剧样式，是传承湖湘历史文化的重要载体之一；它以特殊的方式记载着湖湘大地的历史事件和风土人情，反映出湖湘人民的精神风貌、审美诉求，具有鲜明的地方特色、浓厚的生活气息和丰富的文化意蕴；蕴含了各个地方独特的艺术表现形式，吸收了各种民间艺术的精华，是地方传统文化的一块瑰宝。

发展历史：早在春秋战国时期，湖湘文化（湘楚文化）便滋养出了湖南戏曲艺术的早期形态。从西周经隋唐至清，各种戏曲艺术不断推广发展，到民国时期湖南各地的花鼓戏所用伴奏曲牌和锣鼓经均已自成体系，花鼓戏艺术更加趋于专业化、规范化，花鼓戏艺术由此进入成熟阶段。20 世纪末期，湖南花鼓戏因受到现代传媒的冲击而逐渐不复以往的繁荣。21 世纪以来，国内非物质文化遗产工作持续推进，花鼓戏是我国第二批国家级非物质文化遗产项目。

重要价值：审美价值是湖南花鼓戏最主要、最基本的价值，湖南花鼓戏具有高度的综合性，集合各种艺术形式于一身，这种综合美通过舞台形式，采用各种艺术手段互助互补，将故事剧情完美地呈现出来，直接满足了观众多层面的审美需求。历史价值表现在湖南花鼓戏是湖南人民社会实践的产物，见证了湖南社会历史的发展，提供了珍稀资料和丰厚的历史资源来解读特定的历史时期文化。同时，湖南花鼓戏取材于湖湘文化，又成了湖湘文化中不可或缺的一部分，它在发展的过程中和继承传统的基础上，又融入了其他戏曲剧种因素，自成一派，形成了独特的戏曲文化，具有重要的文化价值。湖南花鼓戏不仅唱出了湖南的秀美风光和红色革命传统，更弘扬了社会主义主流价值观，传播了社会正能量，具有良好的思想性和教育意义，具有深远的时代价值。

（二）当代青年在花鼓戏传承中担当责任的历史必要性

1. 在青年人群中，存在片面追求西方文化、忽视本民族传统文化的现象。全球化的深入发展和我国对外开放的深化客观上给中华传统文化带来相当严重的冲击。各种外来文化特别是西方文化的影响已经深入到社会经济和文化生活的方方面面，严重冲击了中华传统文化的价值观念、文化结构和文化模式。

2. 传承优秀传统文化对于引导青年坚定走中国特色社会主义道路、实现中华民族伟大复兴中国梦的理想信念，具有深远意义。当代青年，肩负着祖国的希望民族的未来，是中华文化根脉得以源远流长的继承者和未来中国文化的发扬者。进入新时代，青年们应自觉担起实现中华民族伟大复兴的中国梦的使命担当，成为实现文化自信的主力军，在湖南花鼓戏的传承过程中发挥领头羊的作用。

3. 青年是湖南花鼓戏创新的核心力量。青年是祖国发展和社会进步的重要力量，也是坚定文化自信的重要阵地。青年人既有充分学习传统文化的时间和精力，又具备突破观念束缚的想象力和创新力，作为朝气蓬勃的一代，是个人创造性和创新能力最强的阶段。青年对湖南花鼓戏的创新和发展具有十分重要的意义，先继承文化才能够创新文化，因此强调青年在湖南花鼓戏传承中担当的历史责任是十分必要的。

（三）激励当代青年传承湖南花鼓戏的实践路径

1. 政府政策方面

将湖南花鼓戏纳入素质教育课堂，为当代青年传承弘扬花鼓戏提供理论支持；建立健全花鼓戏传承人保护与培养机制，为花鼓戏传承发展夯实人才基础；加大政府的扶持力度，为花鼓戏的传承发展提供政策、经费保障；建立花鼓戏文化生态园，保护非物质文化遗产。

2. 行业改造方面

增强创新意识，增强题材时代感，创新表演形式，鲜活人物形象，让花鼓戏真正成为受当代青年欢迎的表演形式；研究和整理已有剧目，为当代青年传承发展花鼓戏文化奠定历史文化价值与审美情感价值基础；加大湖南花鼓戏宣传力度，为当代青年传承发展花鼓戏创造认识前提；改进花鼓戏剧团的管理模式，聘请专业人员对戏班进行业务指导，以及戏班内部管理方面的培训，为当代青年传承发展创造内在动因。

3. 青年自身方面

从理论上当代青年应该深刻意识到传承优秀传统文化是建立在大众对其高度的角色认同和期待的基础之上，由社会所赋予的责任。当代青年的文化责任就是传承优秀传统文化、继承时代精神，做优秀传统文化的接班人。当代青年可以自发的组建花鼓戏文化活动中心，举办花鼓戏文化艺术节，吸引更多人群对花鼓戏的关注。当代青年应主动培养对花鼓戏的兴趣，主动学习花鼓戏文化。当代青年在传承花鼓戏的过程中应对花鼓戏的学习、宣传方式进行升级和创新，如歌手改编《刘海砍樵》，与时下的流行要素相结合，既弘扬了花鼓戏文化，又吸引了大家的兴趣。

四、下一步研究设想

（一）研究存在的问题

1. 在研究花鼓戏的发展、内涵及价值时，对于花鼓戏的发展史主要是从资料中了解，缺乏实践考察，对花鼓戏内涵价值挖掘的还不够深。

2. 在研究青年在花鼓戏传承中面临的困境时，我们调查的人群过于单一，调查场地受限，主要是探究大学生对传承花鼓戏所面临的困境。

3. 由于这次研究性学习时间有限，我们对于文献的阅读不够全面、深刻，尽管我们对相关结论进行了探讨，但仍会存在一些不足之处。

（二）下一步研究设想

1. 我们应该多进行一些实地考察，去体会湖南花鼓戏其独特的魅力，更深刻地体会花鼓戏的内涵和价值。

2. 我们需要通过更全面的阅读和实践，来了解青年对于花鼓戏传承的重要性，增强青年的历史责任感与使命感。

3. 我们在以后的研究中会更加注重对社会各界青年的调查，明确他们在花鼓戏的传承中所面临的问题，制作出更具体、更全面的实践路径。

五、本组成员在研究性学习过程中的收获与体会

在老师的帮助和指导下，我们开展了以湖南花鼓戏的传承与当代青年的担当为主题的研究性学习。下面我们就实际情况在研究方法、团队合作、理论认识、思想认识四个方面具体谈谈心得体会。

（一）研究方法

在此次研究性学习过程中，我们利用文献研究法搜集、整理和引用相关的论文和著述，使课题的研究能有明确的定位和更高的层次。经过对比分析和总结归纳相关研究，了解目前湖南花鼓戏传承面临的问题、湖南花鼓戏的发展思路、青年与传统文化等方面的知识，发现在青年传承花鼓戏方面存在

的研究不足，在前人研究的基础上得出自己的研究结论。

（二）团队合作

研究性学习是一项巨大的工程，一个人几乎难以完成。在研究的初期我们分工不够明确，没有将任务落实到位，以致有些手忙脚乱。中后期我们明确了分工，大大加快了研究学习的进度。在研究学习的这个过程中，我们不仅提高了团队合作能力和意识，还认识到了团队的重要性，使我们的工作效率得到大大提升。这增强了我们的自信心，磨炼了战胜困难的毅力，训练了解决问题的能力。

（三）理论认知

本次研究性学习将弥补先前学者对湖南花鼓戏传承研究的不足，以经验研究为基础，从理论上说明湖南花鼓戏的价值内涵、发展思路、所面临的问题、解决的对策，从而为当代青年传承花鼓戏文化提供理论依据。将理论运用于实际，花鼓戏的传承弘扬了社会主义主流价值观，传播了社会正能量，具有良好的思想性和教育意义。因此，作为传承优秀传统文化的主力军，青年应积极响应国家对于传统文化继承的号召，主动传承花鼓戏文化。

（四）思想认识

青年是未来的希望，也是传承发展花鼓戏的前途和希望。花鼓戏是我国的优秀传统文化之一，作为青年的我们，应该主动承担时代赋予我们的责任，坚定传承优秀传统文化的决心，让我们的优秀传统文化走向世界，屹立于世界文化之林，自觉担起实现中华民族伟大复兴中国梦的使命，成为实现文化自信的主力军，在湖南花鼓戏的传承过程中发挥领头羊的作用。

指导老师意见

学习小组对湖南花鼓戏发展历史、现状以及创新路径等进行了研究，在关于当代青年传承发扬湖南花鼓戏的必要性、激励当代青年传承湖南花鼓戏的实践路径等方面，提出了自己的看法。研究成果主题突出，特色鲜明，建议后续可以进一步加强实践调研。

刘丽萍

幸福新湖南建设中湖湘文化的传承与创新

学院		法学院	班级	2016 级法学 4 班	组长	陈大山
小组主要成员	序号	姓名	小组分工			
	1	陈大山	撰写选题目的与意义			
	2	王丽珠	撰写现有研究情况综述			
	3	陈德勇	总结研究性成果			
	4	陈冠妘	撰写下一步研究设想			
	5	王辰洋	撰写研究性学习的收获与体会			

一、选题目的和意义

（一）此课题研究将有助于应对外来文化的冲击，为保护湖湘文化，传承和创新湖湘文化提供方法理论的指导。

自近代以来，中国传统文化就不断地遭受到外来文化的冲击。一方面，随着社会经济的发展，科学信息技术的进步，人们把大多数精力倾注在物质的追求与享受之中，享乐主义、拜金主义之风盛行。另一方面，人们盲目追求西方文化，缺乏应有的文化自信。譬如过洋节，追求与自身价值观毫无契合的外来文化等。在这样的时代背景下，研究在幸福新湖南的建设过程中，如何应对多元文化带来的冲击，以及在这种冲击下传承和创新湖湘文化，便具有重大的理论与方法指导意义。

（二）此课题研究将有助于缓解新媒体时代，网络传播碎片化、媚俗化等倾向对湖湘文化的传承与创新带来的负面影响，利用好网络传播手段，为我所用，使得湖湘文化在网络领域扎根成长。

当前互联网文化中掺杂的许多负面思想与个人极端主义，与湖湘文化的基本精神背道而驰。国外纷繁复杂的多元思想也通过各种途径传入国内，不断冲击着湖湘文化，传统文化面临着被扭曲的风险。我们在利用互联网作为媒介、传承发展湖湘文化的同时，在思想行为上一定会受到互联网文化带来的巨大冲击。相较于以互联网作为当前信息时代传播载体的新兴文化来说，湖湘文化的传播方向和方式更显枯燥，非常不利于湖湘文化的传承与发展。如果把湖湘文化与互联网传播方式相结合，来创新湖湘文化的传播方式，将使得湖湘文化与时代接轨，更具时代特色。

（三）此课题研究将有助于解决湖湘文化自身局限性，为湖湘文化注入时代内涵，使其不断焕发出新的生命力。

刚烈、倔劲的湖湘性格与两千多年的儒家思想相互结合，形成了特色鲜明的湖湘文化特点和时代内涵，同时也导致了一定的局限性。我们将在了解湖湘文化的内涵和特征的基础上，取其精华、弃其糟粕，思考湖湘文化中对时代发展有积极作用的方面，摈弃落后、迂腐的方面，进而更好地建设幸福美丽新湖南，更好地传承和创新湖湘文化。

二、选题现有研究情况综述

（一）湖湘文化的特征

周秋光指出，湖湘文化的发展过程演进分为四个阶段，大体从北宋末年到近代经历了一个由盛而衰再到盛的过程。其中，新文化运动以来是湖湘文化发挥巨大社会功能的时期。

关于湖湘文化的特征，彭大成将之归纳为：哲理思想和诗人才情的统一；经世致用的哲学思想与力行践履的道德修养；自强不息的奋斗精神；忧国忧民的参政意识；运筹帷幄、平治天下的军政谋略等五个特征。罗敏中指出古代湖湘文化具有“蛮”性特征，并从三个方面解释：原始野性；强烈的乡土意识和怀乡情节；爱国主义和自强不息精神。还有研究者分析了湖湘文化的地域风格和特色，如强悍刚烈的民风，崇尚程朱理学，讲究道德修养，敢于任事、不屈不挠的开拓精神。

（二）湖湘文化的价值功能和时代意义

1. 湖南省第十一次党代会报告指出，建设富饶美丽新湖南，要始终坚持以“人的全面发展”理论为指南，充分发挥湖湘文化的贡献作用。

2. 改革开放以来，湖南与发达省区的差距实际上是思想观念的差距。因此，关注观念层面的湖湘文化对促进当代湖南发展更为关键。

（三）湖湘文化的传承和创新

关于湖湘文化与教育之间的关系研究，蒋作斌揭示湖湘文化的传承如何为湖南教育发展提供条件，并探讨了当今社会我们将怎样继承优良湖湘文化传统来为湖南教育的发展服务。

在地理和民风塑造方面，张伟然论述了湖南的民风和士人气质，他认为这个过程经历了两个方面的变化，一是从古代的怯懦畏事到近代的强悍果敢，二是从古代的懒惰到近代的勤奋。民风影响士气，所以湖湘人士在此种民风的熏陶之下形成了特有的果敢和率直的脾性。

还有学者指出，在思维全球化的时代背景下，更应传承和发扬湖湘文化，应充分结合湖湘文化的基本元素，如青铜器、陶瓷、湘绣等作为精神文化载体，以湖湘文化底蕴与现代设计特色赋予作品个性化，打造湖湘文化品牌形象。

三、研究性学习的成果

（一）传承和创新湖湘文化对幸福新湖南建设的意义

1. 湖湘文化的传承与创新能为幸福新湖南的建设提供价值取向，它决定着什么样的湖南才是人民所追求的幸福新湖南，它引领人们去打造具有湖湘特质、湖湘风格与湖湘气派的幸福新湖南，成为时代引领的标杆。

2. 幸福新湖南建设是一项艰巨而复杂的任务，必须有强大的凝聚力和改革创新精神作支持，湖湘文化的传承与创新能为幸福新湖南的建设提供强大的精神动力，凝聚创新共识。

3. 湖湘文化是一种特色地域文化，它体现了各个时代的移民及流寓者所共同创造、发展和积淀起来的文化精神，能为幸福新湖南建设增强文化底蕴，营造和谐社会环境。

（二）湖湘文化传承和发展的困境

1. 随着“互联网＋”时代的到来，网络文化作为一种以网络技术广泛应用为主要标志的信息时代文化逐步深入到社会各个领域，对湖湘文化的传承和发展造成了极大的冲击。

2. 伴随着时代的发展，世界各国在文化上也呈现出全球化的趋势，即各国及地区之间文化的相互吸引、相互传播、相互影响，在一定程度上对本土文化——湖湘文化的生存和发展构成极大的威胁。

3. 与任何一种区域文化一样，湖湘文化的精神内涵和构成要素同样具有两面性，并非都是积极地、进步的，亦有其消极的、落后的一面。

（三）创新性对策及建议

1. 不同于网络文化顺应时代的传播方式，湖湘文化以其严谨化和标准化的特点，需要利用主观的引导方法，适时转变视角，取长补短，丰富形式。

2. 在文化沟通交流中，以继承湖湘文化的精髓为前提，吸取其他文化的积极因素，丰富湖湘文化的精神内涵，促进自身的创新与发展。

3. 在政策导向和法治规范的双重作用下，给湖湘文化的生存和发展提供了良好的环境，为湖湘文化的传承与创新提供了肥沃的土壤，很大程度地缓解了多元文化对本土文化的冲击。

四、下一步研究设想

（一）研究存在的问题

1. 鉴于我们现阶段的知识局限性，对于湖湘文化的时代内涵挖掘得不够深入。

2. 由于本次研究性学习时间有限，我们的调研面不够广泛，限制了研究的广度与深度。

（二）下一步研究设想

1. 成员之间进一步加强沟通交流，做到分工合作，收集并整理湖湘文化的相关资料，学习当代学者的探究思路，加深对湖湘文化理解。

2. 增加实地考察景点。分层次的、分类别的对贾谊故居、岳麓书院等景点进行实地考察，挖掘湖湘文化的丰富内涵。

3. 转变视角，丰富调查形式。对本地居民，外来游客，湖湘文化传承人等分年龄段进行采访，了解社会公众对湖湘文化的理解，提出针对性的新策略。

作为当代大学生，从我做起，从自身做起，规范网络用语，积极宣传湖湘文化的作用。

五、本组成员在研究性学习过程中的收获与体会

陈大山：在本次研究性学习中，我们沿着湖湘文化的发展脉络，寻找我们湖湘子弟的文化之根，进一步明确了该文化的内涵及精神实质，认识到这是一种理论价值与实用价值并存的文化，从而极大增强了我们的自豪感和自信心。湖湘文化中蕴涵的“心忧天下，敢为人先”的壮志豪情、“经世致用，坚韧不发”的实干精神以及性理之学等思想无不影响着我们的生活，冲击着我们的灵魂，使我们得以树立文化自觉与文化自信，进而有利于推动幸福新湖南的建设。

王丽珠：为了本次研究顺利进行，我们小组主要从五个方面展开本次研究性学习，分别是联系导师、开会定题、查找文献、实地考察、形成报告。通过开会讨论，我们分工明确、协调一致，并提高了团队合作的能力和意识。同时，通过网上讨论群的形式，请老师提建议、纠错误，使我们的关系更加密切，师生情谊更加深厚。除此之外，我们还坚持做到查找文献法与实地考察法相结合，实地考察湖湘文化传承和发展的现状。这不仅让我们掌握了筛选论文、提炼材料的基本方法，还提升了我们实地考察调研的能力，增进了我们对湖湘文化的理解。

陈冠妘：通过这次研究性学习，我们充分了解到湖湘文化传承和创新的现状，并且很大程度上激发了我们弘扬湖湘优秀文化的斗志。同时我也渐渐体会到，在当今各种文化交织的互联网时代，湖湘文化应当继续创新和升华，吸收先进文化中的亮点，以突出湖湘文化的感染力和特色。回顾往昔，任何在历史长河中熠熠发光的优秀文化都经过前人的不断改造，如今这个历史重任落在我们当代大学生身上，我们应砥砺前行，不辱使命。

王辰洋：通过这次学习让我了解到，湖湘文化有着辉煌悠久的历史，湖

南人有着敢为天下先的性格特征。这些性格和精神，迄今已经成为湖湘文化的价值取向和思维方式的基础。在当代，湖湘文化更应注入新鲜的血液，并与社会主义核心价值观相结合，取其精华、去其糟粕。湖南是传统文化、民间民俗文化的重镇，也是红色文化的沃土，我们应深耕传统、深耕历史、深耕社会，充分挖掘和提炼传统文化的瑰宝、红色文化的基因、社会主义先进文化的光华。在先行者、开拓者的引导下，我们应当争做继承者、发扬者。在实施创新引领开放崛起战略、建设富饶美丽幸福新湖南的当下，我们亟须弘扬湖湘文化，重铸湖湘文化。

陈德勇：近两百年来，湖南涌现出各领域内的精英，这些风云人物身上无不具备鲜明的湖湘文化特质。以黄兴为代表的辛亥志士，刚毅坚卓，敢为天下先；以毛泽东为代表的共产党人发出“问苍茫大地，谁主沉浮”的仰天长问，为了中华民族的命运和前途而艰苦奋斗。这些人都是湖湘文化的践行者和代表者，将国家前途命运和自己个人价值的实现紧密联系在一起，成为我们湖湘儿女学习的楷模。作为一名湖湘儿女，我们要继承革命先辈的优良传统，挖掘、传承与创新湖湘文化，为建成富强民主文明和谐美丽的社会主义现代化强国、为实现中华民族的伟大复兴贡献一份力量。

指导老师意见

学习小组围绕幸福新湖南建设中湖湘文化的传承和创新进行了研究性学习，在把握湖湘文化的内涵和特征的基础上，分析了湖湘文化当代价值和发展困境，并就更好地传承和创新湖湘文化、进而更好地建设幸福美丽新湖南提出了创新性对策及建议。研究报告主题突出，特色鲜明，获得了湖南省第四届大学生思想政治理论课研究性学习成果展示竞赛活动一等奖。

侯旭平

图书在版编目（CIP）数据

移动思政课之五彩课堂 : 2017—2021 / 蒋晓东，侯旭平主编. -- 湘潭 : 湘潭大学出版社，2022.12
ISBN 978-7-5687-0722-0

Ⅰ. ①移… Ⅱ. ①蒋… ②侯… Ⅲ. ①高等学校一思想政治教育一教学研究一中国一文集 Ⅳ. ①G641-53

中国版本图书馆 CIP 数据核字（2022）第 044308 号

移动思政课之五彩课堂 ：2017—2021

YIDONG SIZHENGKE ZHI WUCAI KETANG : 2017-2021

蒋晓东 侯旭平 主编

责任编辑： 谭 慧
封面设计： 李 平
出版发行： 湘潭大学出版社
社　　址： 湖南省湘潭大学工程训练大楼
电　　话： 0731-58298960 0731-58298966（传真）
邮　　编： 411105
网　　址： http://press.xtu.edu.cn/
印　　刷： 长沙创峰印务有限公司
经　　销： 湖南省新华书店
开　　本： 710 mm×1000 mm 1/16
印　　张： 14.25
字　　数： 226 千字
版　　次： 2022 年 12 月第 1 版
印　　次： 2022 年 12 月第 1 次印刷
书　　号： ISBN 978-7-5687-0722-0
定　　价： 59.00 元